"悦科普"书系

U0755034

淼叔说科学家
他们影响了人类文明

李淼 著

海峡文艺出版社
湖南电子音像出版社

图书在版编目（CIP）数据

淼叔说科学家：他们影响了人类文明 / 李淼著 . — 福州：海峡
文艺出版社，2022.11（2024.6 重印）

ISBN 978-7-5550-3135-2

Ⅰ . ①淼… Ⅱ . ①李… Ⅲ . ①科学家—生平事迹—世界—通
俗读物 Ⅳ . ① K816.1—49

中国版本图书馆 CIP 数据核字（2022）第 168188 号

淼叔说科学家：他们影响了人类文明

李 淼 著

出 版 人：林 滨

责任编辑：邱戊琴

编辑助理：王清云

出 版：海峡文艺出版社 湖南电子音像出版社

发 行：湖南省新华书店

印 刷：湖南天闻新华印务邵阳有限公司

开 本：710 mm × 1000 mm 1/16

字 数：108 千字

印 张：9.25

版 次：2022 年 11 月第 1 版

印 次：2024 年 6 月第 3 次印刷

书 号：ISBN 978-7-5550-3135-2

定 价：35.00 元

序言

王柯敏

习近平总书记指出："科技创新、科学普及是实现创新发展的两翼，要把科学普及放在与科技创新同等重要的位置。"党的二十大报告历史性地将教育、科技、人才"三位一体"统筹部署，进一步明确了科普发展的战略任务和使命导向。科学普及在提升公民科学素养、培育高素质创新大军、弘扬全社会科学精神等方面正在发挥越来越积极的作用。中小学生作为国家的未来和希望，他们的科学素养直接关系到国家的创新能力和发展潜力。加强中小学生的科普教育，提高他们的科学素养，显得尤为重要。

科普阅读，恰恰是开启智慧之门、引领孩子们走进科学殿堂的一把钥匙，更是同学们涵养科学精神、提升科学素养的重要途径。为此，湖南省教育厅联合湖南省科协、湖南出版集团共同开展了"科普阅读行动"，旨在通过评选并推荐一系列优秀的科普图书，为广大中小学生提供一份覆盖广、角度全、权威性强的科普阅读指南，帮助中小学生开阔视野、增长知识，提升自主探索和解决问题的能力，为将来走向社会奠定坚实基础。

科学成就离不开精神支撑。弘扬科学家精神，立德树人是本次行动的核心宗旨。这次遴选的图书包含了《"共和国勋章"获得者的故事：于敏》《杨振宁的故事》《共和国的数学家》等相当一部分科学家传记，它们生动记叙了科学家的成长经历和研究历程，深入挖掘了他们的精神内涵。正如法捷耶夫所言："青年的思想愈被范例的力量所激励，就愈会发出强烈的光辉。"通过阅读科学家传记，中小学生能学习到科学家坚韧不拔、勇于探索、追求真理的崇高品质，获得宝贵的精神财富，激励他们在未来的人生中锚定热爱、心怀梦想，一往无前。

这些书目，一方面涵盖了数学、生物、物理等多个领域，与中小学生的学科学习紧密相关；另一方面，还有如《中国智造》《重器》《人工智能极简史》等关切当下热点，聚焦前沿科技，弘扬科技强国理念的作品。通过阅读这些图书，学生们可以深入了解生命的奥秘、感知自然的神奇、探索宇宙的无穷、感受科技的力量，从而激发他们对世界的兴趣和好奇心，加深对科学原理的认识和理解。

更为难得的是，面对未来跨学科融合的趋势，此次推荐的书目，不仅限于现代自然科学知识，还十分注重对中华传统文化的继承与弘扬，比如《中华造物记》《物语诗心：古诗与物理奇遇记》《二十四节气》等书籍，就有机地将科学与文化相结合，让中小学生在了解科学知识的同时，也了解祖国的悠久历史和灿烂文化，感受中华文明的博大精深，激发他们的民族自豪感和文化自信。

书单还针对不同年龄段学生的特点对图书的难度和侧重点进行了精心安排，既保证了科普阅读的连贯性和系统性，又充分考虑了不同学段学生的认知特点和学习需求。比如针对小学低年级孩子主要推荐科普绘本，它们色彩鲜艳、画面生动，将复杂的科学原理用直观可感的方式呈现；推荐给小学中高年级孩子的图书大多将科学家精神、科学知识有机融入故事中，通过生动活泼的讲述、妙趣横生的比喻有效提升孩子的文本阅读兴趣，同时也让他们学会写作叙事的技巧；面向初高中学生，书单推荐了《费曼讲物理：入门》《十问：霍金沉思录》等经典佳作，它们是人类智慧的精粹，能提升学生的思辨力，学会客观、审慎地看待自我和世界。

那么，应该如何用好这份书单呢？首先，家长和老师在选择图书时，要适当考虑孩子的年龄、充分尊重孩子的兴趣。其次，鼓励孩子们在阅读过程中积极思考、提问和讨论，引导孩子们关注书中的科学原理、实验方法和科学精神，与他们一起探讨和解答疑惑。此外，还可以结合观察实验、观看科普视频、参观科技馆等实践活动来深化阅读效果。

我相信此次"科普阅读行动"，会推动更多的孩子们踏上科普阅读、博学明辨、慎思笃行的成长旅程。我们也会持续关注科普教育的发展动态，为培养更多具有创新精神和科学素养的新一代人才而不懈努力。相信在不久的将来，许许多多热爱科学、勇于探索的孩子将成为推动社会进步的重要力量，为实现中华民族伟大复兴的中国梦贡献自己的智慧和力量。

（作者系湖南省教育基金会第四届理事会理事长，湖南省人大常委会原党组副书记、副主任，湖南省教育厅原党组书记、厅长，湖南省委教育工委原书记，湖南省科技厅原党组书记、厅长，湖南大学原校长）

目录

第 1 章

古典时期的奠基

第 2 章

"四大贤人"

第 3 章

革命时期的成就

淼叔说科学家：他们影响了人类文明

第 4 章

当代物理学发端

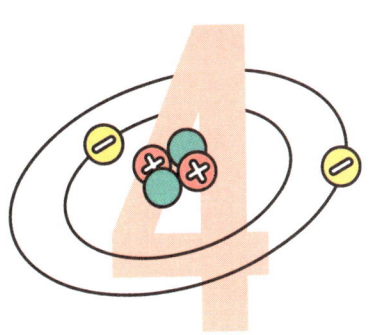

第 5 章

"四大神兽"

第 6 章

从现在到未来

淼叔说科学家：他们影响了人类文明

第 1 章

古典时期的奠基

物理学的诞生可以追溯到人文荟萃的古希腊。那么，谁可以称得上第一位物理学家呢？亚里士多德的学说如何影响后世？他真的错得离谱吗？阿基米德是泡澡的时候发现了浮力原理吗？

一、亚里士多德：
给物理学"命名"

· 亚里士多德

古典物理时期的第一个人物是亚里士多德。

亚里士多德大约出生于公元前 384 年，出生地在爱琴海北岸哈尔基季基半岛上的一个名叫斯塔吉拉的城邦。这座城邦是古希腊的殖民地，与马其顿城邦相邻。

这位伟大的物理学家家境不错，生于一个中产家庭，父亲是一名医师，曾经担任马其顿国王腓力二世的宫廷御医。

17岁的时候，亚里士多德便决定离开家乡，前往雅典求学。雅典被誉为孕育整个欧洲文化的摇篮，在当时是古希腊的政治文化中心，也是所有学者向往的地方。亚里士多德借着这个风潮，来到了柏拉图讲学的阿卡德米。

阿卡德米的出现，源自苏格拉底的含冤而死。柏拉图身为苏格拉底的弟子，对当时的社会感到很失望，便经常在雅典民族英雄阿卡德谟斯的坟墓附近进行讲学，久而久之，人们就用人名演化而来的地名"阿卡德米"（Academy），来指代柏拉图讲学的地方。柏拉图创立了雅典的学院派，现在英文里的"Academy"就是学院的意思。

亚里士多德跟着柏拉图学习哲学、数学、天文、物理等多门学科，直到柏拉图去世后，他才离开阿卡德米。

大约在公元前343年的时候，亚里士多德做了当时只有13岁的亚历山大大帝的老师。他一共做了三年的帝师，对亚历山大大帝的思想的形成具有重要影响。

亚里士多德是一位全知型学者，他的许多观点都为后世的学科奠定了基础。单从科学的角度而言，他的数学和物理学思想就流芳后世。

亚里士多德对数学的贡献主要集中于逻辑学。他发明了演绎推理的思维方式，也就是逻辑学中著名的三段论。简要来说，使用三段论法讨论一个问题时，首先需要定义一个内涵和外延准确的大前提；再通过实验或其他方式，找出一个内容包含在大前提里面、但定义与大前提有明确区别的小前提；最后通过大前提加上具有充实论据的小前提，从而得出一个结论。

举个简单的例子。比如，大前提是所有的人都要死，小前提是哲学家或物理学家也是人，这个小前提加上大前提就能得出结论—哲学家或者物理学家也要死。这个就是简单的三段论法。

在任何人看来，三段论法都是既直白又简洁，但它在西方哲学史和逻辑学史的领域内有着无比崇高的地位，可以说是形式逻辑的开端。顺便提一句，有人说中国古代从来没有过形式逻辑，不过这种说法还有争议。

除了数学，亚里士多德对物理学也有很大的贡献。

在亚里士多德之前，古希腊已经出现了科学理论，例如泰勒斯就被称为"古希腊的第一位科学家"，他正确地预言了一次日食，并最早提出了元素说的雏形。他认为世界上所有的东西都是由一种元素构成，这种元素就是水。但泰勒斯只能称为科学家，要是细化到物理学，亚里士多德才是真正的开山鼻祖——他有一本著作就叫《物理学》。

在亚里士多德时期，物理学的希腊文名称对应今天的英文不是"physics"，而是"phusis"。再次强调，"phusis"不是希腊文，而是将希腊文对应成的英文。

"Phusis"并不是今天的"物理学"的意思，而是指"自然"。一直到牛顿，科学家们都把研究物理学看作是研究自然哲学，比如牛顿就有一本名著叫作《自然哲学的数学原理》。可以说，自然科学的历史其实就是自然史。但是"自然"本身是一个很含糊的词，今天的人们可以把它对应成"可以观察、可以体验到的整个世界"。

亚里士多德的许多理论在后世都被推翻了。最有名的是，他认为地球上物体的运动都是直线的，并且物体要保持这个运动状态就必须持续施加作用力。这个理论后来被伽利略和牛顿给推翻了。

伽利略做了一个著名的理想斜面实验，把一个小球放在一个摩擦力为零的斜面上，让它滚下去。如果这个斜面对面紧接有另一斜面，并假定没有空气和摩擦力，这个小球滚落到斜面底后又爬上另一

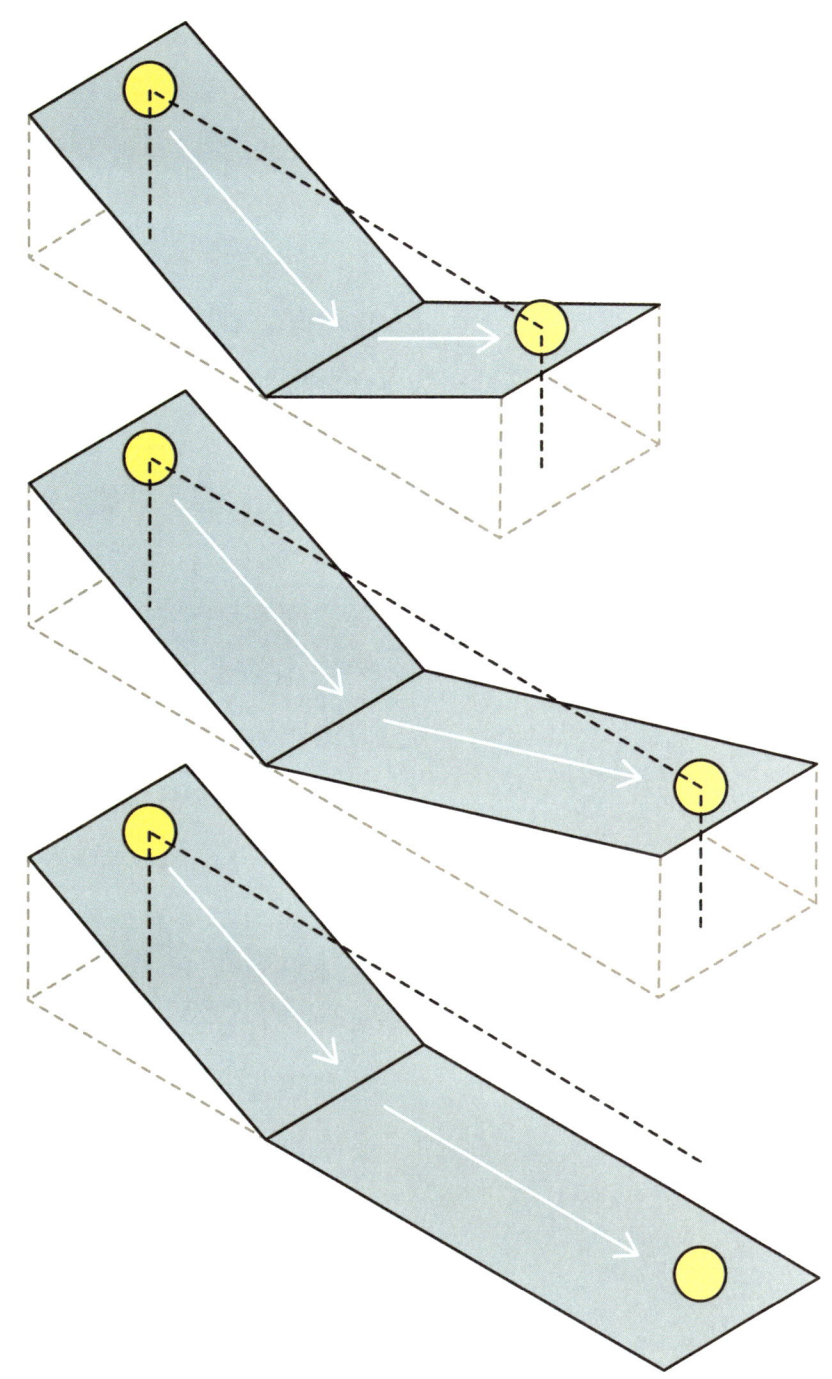

· 斜面越平，小球滚得越远

斜面，一直爬到跟它最开始滚下来的时候一样的高度。而如果我们假定第二个斜面不那么陡，而是越来越平，小球要达到与开始下落时同样的高度，就会爬得越来越远。由此可得，假定第二个斜面变成无限平，那么小球就可以滚得无限远。

伽利略通过这个思想实验告诉人们，在没有力的作用下，小球在保持运动的过程中可以滚得无限远。这就推翻了前面提到的亚里士多德用理想方式想象出来的理论：认为有力的作用才可保持运动。

以今天的视角来看，亚里士多德的表述并不是完全错误的，因为他当时没有条件在真空中做实验，而是只能在空气中做实验。在空气中做实验，物体就会受到空气的阻力，而要克服这个阻力，就必须给这个物体施加相应的力；而且物体的运动速度越快，受到空气的阻力就越大。如此一来就逃脱不了亚里士多德的结论，即要使物体运动的速度越大，给物体施加的力就越大。

亚里士多德还有一个错误的观念，他认为，物体越重，那么它从高空落到地面的时间就越短。同样地，这个错误也与空气阻力有关。众所周知，空气中的一片羽毛落到地面的时间，肯定长于

· 羽毛落地时间长于钢球落地时间

一个钢球从同一高度落到地面的时间。因为在地球上，羽毛和钢球下落的加速度不同，也就是它们受到的空气阻力与重力的合力与其质量的比值不同。所以亚里士多德从某种角度来说也算正确，只是把空气阻力的因素去掉以后，亚里士多德的观点就错了。

亚里士多德还认为世界由三种物质构成。这三种物质是哪三种呢？

第一种是可以直接通过经验感受到的物质，但是同时它又是可以毁灭的，而不是永恒存在的。比如一棵树，我们能感受到它的存在，但当我们把它付诸一炬，也就是完全烧掉，它也就消失了——这棵树可感知，同时也可毁灭。

第二种是可以感知，但是不可以毁灭，例如天体。当然，这种认识也是错误的，因为我们知道太阳有生也有死，其他的恒星也是如此。

第三种不可感知也不可以毁灭，也属于永恒的物质。根据亚里士多德的推测，这第三种就是人的灵魂和上帝。

亚里士多德还有一本书叫《论天》，主要介绍天体运行的方式。他认为天体可以分成两部分。一部分存在于月亮之下，包括我们在大气层中看到的，以及一些流星，另一部分在月亮之上。

月亮之下的天体会被人类感知到、同时也会毁灭，月亮之上的天体可感知、但不可毁灭。月亮之下的世界由四种元素构成，但除此之外还有第五种元素，月亮之上的所有天体都由第五种元素构成，这也是它们不可毁灭的原因。天体的运行方式也不相同，月亮之上的所有天体都做圆周运动，而月亮之下所有的物体都做直线运动。

· 亚里士多德的天体理论：月亮之下的　四种元素和月亮之上的第五种元素

今天，我们知道这两个论点都是错的。首先，天上的天体不完全都做圆周运动；其次，天上所有天体的构成材料，跟地上的材料没有什么区别，都是由化学意义上的元素构成，并没有所谓的第五种元素。

此外，伽利略还推翻了亚里士多德的"地面上的物体都是以直线运动"的说法。伽利略的反对意见是：我们抛出一块石头，如果没有空气，那么这块石头的运动路线就会是抛物线，而不是直线。

今天的人们从现代科学的角度，可以看出亚里士多德的一些概念和观点存在错误，但这些错误的缘由也是可以解释的。无论如何，亚里士多德依旧当得起"西方世界物理学鼻祖"的称号。

亚里士多德对后世的影响也很显著。他与老师柏拉图，以及老师

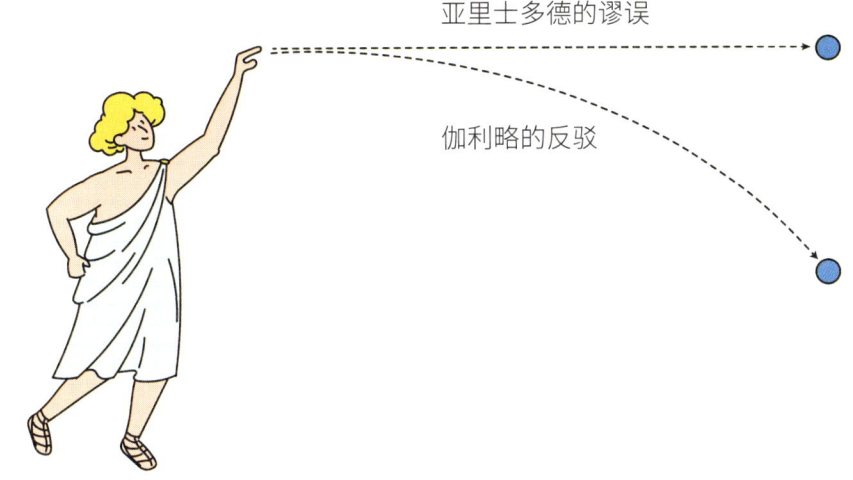

亚里士多德的谬误

伽利略的反驳

的老师苏格拉底，一起被称为"希腊三贤"。从这个称谓就可看出他对后人有很多正面的影响。

关于亚里士多德对后世的负面影响，应该说他本人并不负有太多的责任，而应当由后人承担更多的过错。就像中国历史上的孔子，我们常常说"罢黜百家，独尊儒术"对后世形成了负面影响，但是"罢黜百家，独尊儒术"是汉武帝的决策，确确实实与孔子本人并无什么干系。

同理，尽管亚里士多德去世后，西方世界，特别是基督教世界将他的影响延续了超过1000年，但是不应当由他本人来负这个责任。

亚里士多德出生在希腊思想创造时期的末叶。他去世差不多2000年后，西方世界才出现和他同等分量的哲学家和科学家。可以说，在将近2000年的时间里，亚里士多德的权威主要是来自基督教会。

亚里士多德这种崇高无比的地位，确实对学科的进步构成了严重的阻碍。因此自17世纪以来，几乎每种知识界的进步和科学的进步，都必定从批评亚里士多德的某个学说开始。

但是如果把古希腊的任何一个哲人放到和亚里士多德平齐的地位，他们对后人的负面影响都将同样巨大，因为那个时候的认识都不完全正确。比如说，泰勒斯认为万物由水构成，赫拉克利特则认为万物由火构成，这些最早期的理论都有缺陷。

无论如何，应当说亚里士多德对人类的整体贡献并不负面，而是主要呈现正面的影响力。我们不能因为一些由时代导致的科学上的错误认知，就无视他的成就和里程碑地位。

淼叔说科学家：他们影响了人类文明

二、阿基米德：
不仅是力学之父，
更是数学之神

　　古希腊另一位不容忽视的科学家，便是阿基米德。不过，将阿基米德视作古希腊人，其实有些勉强。

　　他生活于古希腊的末期，与亚里士多德生活的时代差了一百多年。末期的古希腊已经四分五裂，当时真正强大的两个帝国是古罗马和迦太基。众所周知，继古希腊文明之后，继之而起的又一个辉煌文明，正是罗马人建立的。

　　古希腊文明末期，出现了罗马共和国与新兴国家迦太基争霸的局势，其中最著名的冲突，是他们为争夺西西里岛而进行的三次布匿战争。第一次布匿战争发生在公元前 264 年到前 241 年，主要以地中海的海战为主。交战双方的主要战场是在西西里岛，也就是阿基米德生活的地方。此次战争以罗马的胜利而告终。

　　罗马的海战告捷之后，迦太基的陆军将军汉尼拔率领 6 万大军，翻越阿尔卑斯山入侵罗马本土，引发了第二次布匿战争。第二次布匿战争前后总共延续了18年，汉尼拔的6万大军在亚平宁半岛打败了罗马人。

但是，罗马顶住了汉尼拔的进攻，并出兵迦太基本土，汉尼拔指挥大军回程救援而被罗马击溃，迦太基又一次以失败收场。而后在第三次布匿战争中，迦太基完全被击败，丧失了全部海外领土，交出舰船，并向罗马赔款。

阿基米德的去世，就发生在第二次布匿战争中，罗马人攻进西西里岛的叙拉古之时。

阿基米德所生活的古希腊就处在这样一个动荡的时期，那么阿基米德本人的经历又是什么样子的呢？

· 古罗马斗兽场遗址

公元前 287 年，阿基米德出生在西西里岛叙拉古附近的小村庄。他的父亲是一位天文学家和数学家，家庭的熏陶激发了阿基米德对数学、几何学的兴趣。和亚里士多德一样，阿基米德的家庭也属于当时的中上层阶级，据说他们甚至与叙拉古王室存在远亲关系。

公元前 267 年，20 岁的阿基米德前往埃及的亚历山大城游学。在古代欧洲，游学是贵族青少年经常会做的事，往往也会得到全家人的支持与鼓励。所有的年轻学子都会涌向文化之都，并且集聚在声名鼎沸的智者身边，而当时位于尼罗河口的亚历山大城，正是世界的文化、经济中心之一，而且人才荟萃，被世人称作智慧之都。

在亚历山大城的宝贵学习经历，开拓了阿基米德的视野，为他今后在多学科领域的研究奠定了基础。在亚历山大城，阿基米德跟随多位老师学习，其中就有著名数学家欧几里得的学生科农。用中国人的话说，欧几里得就是阿基米德的师祖。

欧几里得也是一位伟大的数学家，著名的《几何原本》就出自他之手。《几何原本》其实不是他一个人撰写而成，但是书中命题的秩序、定理的次序、逻辑结构，绝大部分都是由他本人组织和总结出来的。这可不是一件容易的事。

欧几里得总结得非常有秩序、非常完美，取得了令人惊叹的成就，甚至我们今天需要了解几何学的时候，也需要看欧几里得的原著。毫无疑问，欧几里得的《几何原本》是古往今来最伟大的著作之一，也可以说是古希腊智慧最完美的一座纪念碑。

欧几里得发现了关于平面几何的一切命题，并系统地总结了对平面几何的发现，所以欧几里得对数学的贡献在今天更加被人熟知。阿基米德对数学的贡献，比如 π 和抛物线的面积计算方法，我们都不大了解，主要原因是阿基米德在数学领域并没有留下一部系统的著作。

但是我们依然相信这个说法—阿基米德是古代最伟大的数学家，甚至也是所有时代最伟大的数学家之一。

阿基米德在数学方面的成就不胜枚举。比如他的第一个重要发现，就是算出了圆周率 π 这个无理数、超越数的近似值。

他通过对近似圆形的正多边形进行计算，得出圆周率 π 的结果在 3.1408 与 3.1429 之间。这个数字已经非常精准了。对圆周率的研究是阿基米德的第一个数学贡献。

阿基米德同时也证明了 π 跟圆的周长和面积有关：圆的周长等于圆的直径乘以 π（$C = \pi d$）；圆的面积等于它的半径的平方乘以 π（$S = \pi r^2$）。

除此之外，他还研究了抛物线的面积，用了我们今天难以想象的"无限小"的办法，也是莱布尼茨和牛顿在差不多 2000 年以后才发现的办法。这个"无限小"的方法也就是我们今天说的微积分，他以此得到了求抛物线面积的公式。这也是非常了不起的发现。

不止如此，阿基米德还擅长计算多边形的周长。例如，他会以正六边形为基础，算出正十二边形的周长。

不过大众对阿基米德存在一个很深的印象，认为他是研究物理学出名的，而非数学。这主要归因于阿基米德的两项重要发现，其中的一项就是杠杆原理。虽然它没有被命名为"阿基米德杠杆原理"，但人们都知道发现者是阿基米德。

杠杆原理的内容是，在平衡状态下，杠杆一端重物的重量乘以这一端重物到支点的距离，等于另一端重物的重量乘以这个重物到支点的距离；两个重物离支点的距离与它本身的重量成反比。换言之，离支点越远，要达到平衡所需的重量就越轻。因此存在一个著名的传说，阿基米德曾宣称："给我一个支点，我可以撬起整个地球。"这固然是一个夸张的说法，在现实中无法实现，因为既没有这个支点，也没有这么长的杠杆。

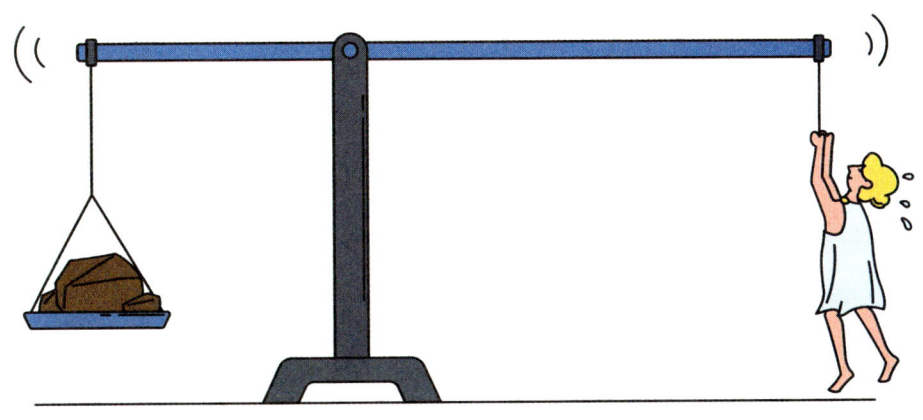

· 石头的重量乘以石头到支点的距离，等于人的重量乘以人到支点的距离

当罗马军队进驻叙拉古，包围了阿基米德所在的城市时，阿基米德利用杠杆原理造出了抛石机，向城外和海面抛掷大石块，以此阻挡罗马军队攻城。罗马军队的首领都感叹道，阿基米德是神话世界里才可能出现的百手巨人。

第二个奠定阿基米德物理学历史地位的传说是，他发现了浮力的规律，即阿基米德原理。

传说叙拉古的国王有一天怀疑，工匠在为他打造的纯金王冠中加了银子杂质。他交给阿基米德一项任务，命令这位科学家想出一个方法，在不破坏王冠的前提下，测量出王冠是否真的是纯金制造。

阿基米德想了很久都无计可施。直到有一天躺在浴缸里泡澡时，

·阿基米德通过溢出的水的重量，判断王冠是否是纯金制造

　　　　　　　　　淼叔说科学家：他们影响了人类文明

他看到水溢出了浴缸，突然激动地跳起来，衣服也没来得及穿就径直跑出家门，光着身子在大街上跑，嘴里叫着："我终于明白了！我终于发现了！"

随后，他将王冠放到盛满水的盆中，量出溢出的水的重量，再将同样重量的纯金放到盛满水的同一个盆中，发现这一次溢出的水的重量比上次轻一些。于是他推断出，金匠在做王冠的时候确实偷工减料，在其中掺杂了银。

有人认为，阿基米德原理并不是阿基米德在洗澡时灵光乍现的发现，这只是后人杜撰的一个故事，阿基米德其实是经过大量复杂的研究才得出阿基米德原理。故事的真实与否我们无从考据，可考据的是，阿基米德写了一篇《论浮体》，将他发现的阿基米德原理记录了下来。

阿基米德原理主要有两个结论。第一个结论是，如果把一个重物放到水里，它受到的浮力一定是向上的；第二个结论是，浮力的大小等于重物排出去的水的重量—不光是规则的立

· 浮力等于排出去的水的重量

方体，任何形状的重物（哪怕是一顶国王的王冠）放入水中，它所受浮力也等于它排出去的水的重量。

阿基米德一生致力于数学与物理学的研究，也将这些研究成果运用于实践，前面就提到了他运用杠杆原理制作抛石机来保卫城池。但可惜，再伟大的科学家也无法在冷兵器时代抵御千军万马。

公元前212年，正当阿基米德在自己家中画着几何图形、计算新公式的时候，罗马的军队攻占了叙拉古。罗马士兵闯入阿基米德家中，却发现阿基米德对他们无动于衷，仍在埋头计算着公式。可能是阿基米德漠然的态度激怒了对方，士兵举起武器，刺死了阿基米德。

阿基米德咽气的时候，他的新公式还没能计算出来。不过，在2000多年前"人生七十古来稀"的情况下，他已经算是非常长寿了。

第 2 章
"四大贤人"

中世纪教会的统治阻碍了科学的进一步发展，而反抗黑暗的、开启现代科学的先驱，正是文艺复兴时期的物理学"四大贤人"。他们各有什么贡献？伽利略真的在比萨斜塔做了实验吗？日心说和地心说是怎样发展的？开普勒定律是什么？第谷又有哪些有趣的传说？

一、伽利略：
揭开中世纪的黑暗

　　虽然亚里士多德为科学做出了巨大贡献，但随后教会将他抬到了无与伦比的崇高地位，反而阻碍了科学的继续进步。直到一位名叫伽利略的学者打破了亚里士多德和教会的桎梏。

　　1564 年 2 月 15 日，伽利略出生于意大利的中西部城市比萨的一个中产家庭。

　　那时欧洲文艺复兴运动已经兴起，但教会还是手握着至高的权力。科学创新被认为是对宗教权威的威胁，依旧受到教会的辖制。这是中世纪最后的黑暗时期，而像伽利略这样的科学家，正是掀开黑暗浓雾、将人类带入现代社会的引路人。

　　就历史成就而言，伽利略的身份是数学家、物理学家和天文学家。在古代和近代的欧洲，物理学家往往也是数学家。原因很简单，因为那时的学科发展没有现在这么成熟和精细化，所有学科都处于发展的初期阶段。研究物理必须运用到数学知识，而同时掌握大量数学与物理的理论知识，又极富好奇心和毅力的学者，往往很容易同时在多个领域都有所建树。

谈伽利略具体的物理学功绩之前，不妨再回顾一下古代人，特别是古希腊人对中世纪的影响。

前面提到过，亚里士多德对世界的某些认知存在错误。然而，从亚里士多德去世、古希腊衰微之后，一直到古罗马崛起，然后再到基督教，特别是基督教经院哲学的兴起，让亚里士多德的观点统治中世纪长达 1000 多年的时间。

同病相怜的还有古希腊时期的另一位先哲、亚里士多德的老师柏拉图，他也对中世纪有一定的影响。有一本书记载了柏拉图关于物理学宇宙的对话，书名叫作《蒂迈欧篇》。

在《蒂迈欧篇》中，柏拉图总结了关于宇宙的一些看法，认为宇宙中所有的物质都是由火、气、水、土四种基本元素构成的。神，也就是创世者，用这四种元素创造了世界，这些元素非常完美，也永远不会解体。

创世者为每一个星体都创造了一个灵魂，这些星体就是恒星，每一个人类都对应着一颗星体。如果人类克服了七情六欲，就能正直地生活。一旦一个人正直地生活一辈子，死后就会回到他的星座里面，从而永远幸福地生活下去。

柏拉图还谈到，人类的灵魂有两种。一种永垂不朽，死后还会存在；另外一种则可以腐朽。第一种不朽的灵魂是造物主所创造，而可以腐朽的灵魂则是希腊众神所创造。值得留意的是，柏拉图特意区别了希腊众神和造物主，因为希腊众神跟人类比较接近，他们也有人类的七情六欲，而造物主则更加完美。

后来，《蒂迈欧篇》被古罗马著名历史学家西塞罗翻译成拉丁文，这本书也就成为柏拉图唯一的在中世纪有拉丁文译本的著作。柏拉图的观点也由此影响了后来基督教的发展。

虽然古希腊哲人在自己的时代，为物理学的起步做出了巨大贡献，但若是这种古旧的想法原封不动地持续2000年，就有点不合时宜了。教会的思想专制导致了当时欧洲社会的蒙昧和愚昧，新的科学思想无法冲出藩篱进行更新换代，因此这段时期也被称为中世纪的黑暗时期。

伽利略所要面对的，正是这样一个由古希腊人和基督教会所塑造的世界观。

伽利略的父亲倾注了极大的心力在子女的教育上。他不信任比萨的启蒙教育机构，因此在家中聘请多位家庭教师来教授孩子们的功课。在伽利略11岁那年，他们举家搬到当时欧洲的科学艺术文化中心—佛罗伦萨，伽利略就到了附近的城市瓦隆布罗萨的一所修道院学校上学。

17岁时，伽利略获得了比萨大学的入学资格。他的父亲执着于让他攻读医学，伽利略遵从父亲的意愿，勉强读了一年他丝毫不感兴趣的医科，随即下决心转入了他一直以来热爱的数学专业。

伽利略是一个实践主义者。他反对古希腊哲学家仅用空想就得出结论，并用这些结论来探索科学规律，而是认为任何科学结论的推导都离不开实验和数据。事实上，伽利略也确实用亲身实验得出的结论，推翻了一些主导物理学界已久的定律。

他最重要且最知名的功绩就是提出了自由落体定律、惯性定律以及伽利略相对性原理，这些观点推翻了亚里士多德仅靠思考得来的一些物理学定律。

比萨斜塔实验的故事家喻户晓。伽利略聚集一群好事者，来到比萨斜塔下。他自己则跑到斜塔顶楼，让大家目睹他的实验。他两只手分别拿了两只质量不一样的金属球，然后同时松开两只手让金属球下落，于是地面上的人们共同见证了实验结果—两个不同重量的金属球同时落地。

伽利略以此推翻了亚里士多德的说法，后者认为物体下落的快慢与它们的重量成正比；同时他也证明了自由落体定律，即常规物体只在重力的作用下做初速度为零的匀加速运动。

这个实验的真实性还存在争议。其实，伽利略到底是否做了该实验，或者做了什么实验来证明自由落体，今天的我们已经无从追溯。但是，由于他是近代提倡物理实验的先驱之一，所以我相信他确确

· 比萨斜塔

实实做了一个实验，但实验场地肯定不在比萨斜塔。只是谁也说不清做实验的具体位置在什么地方，因为现在没有可考证的资料给予证明。

历史上有记载的，其实是伽利略的一个关于自由落体定律的理想实验。

这个理想实验的内容是，假定亚里士多德是对的，两个球在同一个高度下落时，重的球先落地而轻的球后落地。那么我们把重的球和轻的球绑在一起变成一个更重的球，如果重的球下落得更快、轻的球下落得更慢，那么轻的球就会给重的球拖后腿。

按照这个说法，两个绑在一起的球落地的时间就会比重的球落地的时间要长、比轻的球要短，轻球减缓了重球的下落速度。这就形成了一个逻辑悖论，因为由两个球绑在一起，其重量肯定比较重的球更重，按照"亚里士多德是对的"这个前提，它应当更快地落地。

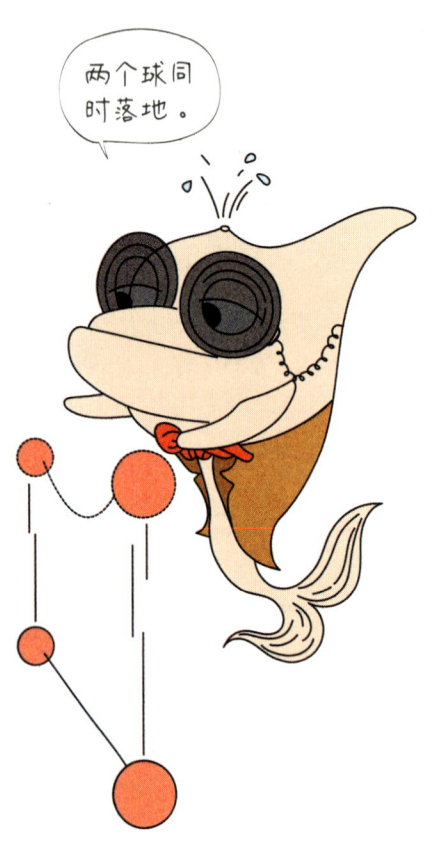

· 两个不同质量的金属球同时落地

不过，这个理想实验看起来在逻辑上无懈可击，实际上似是而非。

伽利略另一个更加重要的贡献就是惯性定律，他做了一个理想斜面实验。连接两个光滑斜面，让一个小球从一个斜面的某个高度沿斜面滚落。无论如何改变另一斜面的坡度，小球都会沿着另一个斜面，上升到与最开始下落时高度相同的地方。那么如果第二个斜面变成无限平，那么小球就可以滚到无限远。

伽利略从实验中总结出了惯性定律，也就是，一个运动的物体，只要除去所有使物体加速和减速的外部原因，这个运动物体必将严格地保持它开始获得的速度。这也推翻了亚里士多德的观点，他认为要保持一个物体做匀速运动，就需要不断地有力作用在它上面。伽利略提出的惯性定律，后来由牛顿总结成了我们熟悉的牛顿第一定律。

伽利略的惯性定律其实隐含在相对性原理里面。相对性原理是什么呢？假定你在一艘船上，这艘船在河面上平稳地匀速行驶，而你在船舱里，和船舱外的一切都隔绝开来，看不到船舱外面的风景。这时，你就不觉得这艘船在行驶。这意味着在匀速运动的船中进行的所有物理实验的结果，和在地面上一个静止空间里进行实验的结果相同。也就是说，物理学定律跟选取的参照系的运动速度没有关系。这就是伽利略的相对性原理。

从伽利略相对性原理是可以推出惯性定律，但是推不出所有的牛顿力学，尤其推不出牛顿第二定律。牛顿的第二定律说的是，一个运动物体的加速度与物体受的力成正比。也就是说，要让一个物体提高加速度，就要对它施力。这一条定律，从相对性原理推演不出来。

不过除此以外，伽利略的定律仍可推出后世的许多著名理论。例如，相对性原理在爱因斯坦的相对论体系里也成立，而自由落体定

律 其实也隐含着一定的万有引力定律的现象。

除了这三大奠定伽利略历史地位的发现外，伽利略还有一些其他的研究成果，例如钟摆定律，就是他通过独立观察推导出的。一开始，伽利略并没有把这个发现与自由落体定律联系起来，实则这两者之间也存在一些内在联系。

一个传奇性的小故事说明了伽利略是如何受到启发发现了钟摆定律。据说，有一天，伽利略在教堂里做礼拜，他观察到教堂里有一盏吊灯在晃。那个时候当然还没有电灯，这个吊灯可能是盛放灯油的灯盏。伽利略发现，吊灯每晃一个来回所需的时间几乎一样，这就启发他研究物品摆动的规律。

他最后得出的结论是，摆动周期跟摆杆长度有关，而跟摆杆上挂着的物体的重量没有关系。后来的惠更斯就根据这个原理，发明了钟摆。我们也就把这个规律，称之为钟摆定律。

我们可以发现自由落体定律和钟摆定律具有原理的相似性。自由落体定律的意思是，物体从高空下落的速度与它的质量无关；而钟摆原理也说，无论钟摆的质量有多大，只要钟摆的长度一样，钟摆的周期就一样。

这些定律都用实验的方式打破了中世纪教会所塑造的成见。伽利略从敢于质疑古人开始，奠定了物理学，特别是经典力学的基础。

同时，他还跟开普勒一起开创了近代以来关于太阳系的研究。他发明了天文望远镜，观察到了月球环形山、土星环和木星的一些卫星；并正确地利用望远镜，给出了对哥白尼的日心说理论的证据支持，这些都是他对天文学的贡献。

· 伽利略观察教堂的吊灯，发现了钟摆定律

去世之前，伽利略写了一本叫作《关于托勒密和哥白尼两大世界体系的对话》的书，书中极力支持了哥白尼的日心说。罗马教廷将这部作品视作对教会的挑衅，勒令伽利略前往罗马接受审问。

当时的伽利略年事已高，经不起车旅劳顿。在审讯中，伽利略不为自己辩解，也不承认错误，最终被判处了终身监禁。他最终去世的时候享年 78 岁，和阿基米德一样在自己的时代里都算长寿，但一代物理学家悲惨的晚年境遇实在令人唏嘘。

最后让我们以一则关于伽利略的小八卦来结束他一生的事迹。很多人认为伽利略是教会的反对者，其实并非如此。伽利略有两个私生女，不过他觉得这件事情不太光彩，于是强迫两个私生的女儿去修道院里面做修女。

由此可见，虽然伽利略的科学思想动摇了教会的统治，但他本人其实没有那么反教会。这一点，和哥白尼差不多。

二、哥白尼：
地心说的衰落

说起哥白尼，就绕不开地心说和日心说两大学说。他的日心说改变了时代，影响了许许多多的科学家。伽利略晚年深陷囹圄，正是因为支持哥白尼的观点。

地心说的起源是古希腊天文学家阿波罗尼奥斯提出的本轮－均轮模型。本轮可以看成是运载行星的小圆圈，而均轮可以看成是以地球为中心的大圆圈。

这个模型认为，地球位于宇宙中心，各个天体在不同的位置上绕地球运转，但天体并不是位于以地球为圆心的轨道上，而是在其自己的本轮轨道上匀速转动，只是本轮的中心也在以地球为中心的轨道（也称之为均轮）上匀速转动。由于天体在本轮与均轮的组合中运动，造成天体到地球的距离是变化的。

天文学家托勒密在此基础上提出了地心说体系。地心说体系的核心是，地球处于宇宙中心且静止不动，包括太阳在内的所有天体都围

· 地心说的本轮和均轮

绕地球运转。

　　但是，人们在观测中发现，有些行星的运动会出现忽而前、忽而后、时而快、时而慢的现象。为了解释这种现象，托勒密指出，这些行星环绕着地球，在本轮上做均衡运动时，有时候会突然向反方向运动。我们通常说的"水逆"指的就是水星的反方向运行。反方向运行就是说本轮在均轮上运动的时候倒过来转了，或者是转到一边去了。

　　但是继托勒密之后，科学家们发现，行星运动越来越复杂，所以后来的天文学家在均轮－本轮的基础上又加了很多轮。这就使得地心说变得越来越复杂，越来越不像一个真正能够解释行星运动规律的理论。

托勒密的地心说还包括一个"恒星天"的概念。他认为在太阳、月亮、行星之外，还存在更多的恒星，这些恒星构成了一个"恒星天"。前面提到过亚里士多德的"月亮之下""月亮之上"的概念，"恒星天"对应的就是"月亮之上"。

公元 2 世纪，托勒密总结了前人 400 年间观测天体的成果，写出了一本叫《至大论》（又名《天文集》）的书。"至大"指宇宙，所以这本书探讨的是关于宇宙的学说。在这本书里，托勒密提出了"地球是宇宙中心"这种看法，这一学说在哥白尼之前持续流行了 1000 多年。

直到日心说的出现，才彻底改变了地心说的统治地位，人类对宇宙的认识也由此前进了一大步。

说到日心说，我们第一个想到的人物就是哥白尼，但其实他并不是第一位认为"所有的天体绕着太阳运转"的天文学者。与阿基米德同时代的阿利斯塔克才是有史料记录的第一位提出日心说的天文学家。然而，哥白尼是第一位系统阐述日心学说的学者。

哥白尼是波兰人，1473 年生于波兰，去世时享年 70 岁。他是文艺复兴时期的天文学家，同时也是一名数学家，但他正式的工作实际上是神父。作为神父的哥白尼经常前往欧洲各地旅行。1533 年，60 岁的哥白尼前往罗马，并在当地做了一系列关于日心学说的演讲。

其实他在 40 岁的时候就提出了日心说，也收集了很多相关的观察证据，但一直没有把它们系统地书写下来，直到去世之前，才决定将这些发现结集成书出版。于是在 1543 年 5 月 24 日，哥白尼去世一天后，出版商终于收到了寄来的书稿，也就是《天体运行论》。

哥白尼的《天体运行论》、牛顿的《自然哲学的数学原理》，以及达尔文关于生物演化理论的《物种起源》，这三部著作通常被看作人类最伟大的作品。

哥白尼是一位百科全书式的人物。他比达·芬奇小 21 岁，也算是同时代人物。大家都对达·芬奇的博闻广识有所耳闻，其实哥白尼的全才程度一点也不比达·芬奇逊色。

例如，哥白尼掌握多种语言，除波兰语之外，还通晓拉丁语、德语、希腊语和意大利语，同时还研究钱币，以及与钱币有关的经济学。顺便一提，在知名的科学家中，牛顿也研究过钱币，后来还做了英国皇家造币厂的厂长。

· 哥白尼塑像

同时，哥白尼学习过医科，通晓医术，他的病人包括自己的舅舅以及其他亲戚，甚至还曾经为主教和国王看过病。此外，他还翻译了很多古希腊的诗歌。

哥白尼的主要工作是给他的舅舅做秘书。他的舅舅是波兰的红衣主教，在教会里有至高无上的地位，哥白尼本人也是位非常虔诚的天主教徒。讽刺的是，他的日心说后来却成了否定和批判天主教会的证据。关于这一点，他自己应该也无法预料，更完全没有想到日心说的影响会有那么大。

有证据可以表明哥白尼对宗教的虔诚。比如他在《天体运行论》的引言里面写道："如果真有一种科学能够使人心灵高贵，脱离时间的污秽，这种科学一定就是天文学，因为人类果然见到了天主管理下的宇宙的所有庄严秩序。那么看到这个庄严秩序的时候，必然会感到一种动力，促使人趋向有规范的、有规律的、有法律规范的生活，去实现各种道德。"

哥白尼一生维护着天主教的信仰，但是我们却很少了解关于哥白尼"一生至关重要的信仰"这一信息。相反，我们通常说哥白尼是反传统的。这种说法并不贴切。

日心说提出了哪些证据，来反驳地心说呢？首先，反对地心说的起因，是中世纪以来的各种发现的累积。因为对行星运动的观察越来越严谨，科学家们发现，要真正用地心说来解释行星运动的话，必须要加很多本轮。有时候本轮的总数会达到80个以上，即有80个以上的本轮中的本轮、本轮之上的本轮，这确实太复杂了。

但一直以来，教会推崇的"地球是宇宙中心"这一说法让人们相信，地球是造物主最钟爱的一个地方，这也构成了天主教信仰的一个

到底太阳在中心，还是地球在中心？

400年前，这可是科学进步的关键问题。

基础。这也是为什么托勒密的理论占有绝对的统治地位，以及这个地位很难被撼动的原因。

　　到了伽利略的时代，人类已经可以用很多证据来反驳地心说了。除了地心说太复杂这一原因之外，即使从理论推导结果的方式来看，地心说也存在着问题。如果宇宙是以地球为中心，月亮和太阳都绕着地球转，且太阳距离地球比月亮距离地球更远的话，那么月亮的位置应该永远介于太阳和地球之间。但事实并不是这样。

　　我们知道伽利略发明了天文望远镜，他通过对星体的观测反驳了地心说。我们以火星、地球和太阳的距离为例，如果按地心说的理论，火星在太阳之外，太阳和火星同时都绕着地球转，那么火星与地球的距离，永远比太阳与地球的距离远。

　　而伽利略观测的结果是，火星有时距离地球比较近，有时距离地

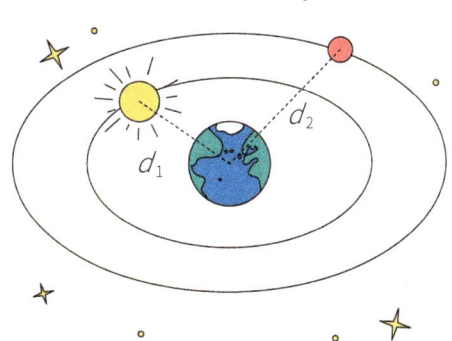

· 地心说：地日距离 d_1 > 地火距离 d_2

· 日心说：有时火星和太阳位于同一侧，则地日距离 d_1 < 地火距离 d_2

· 日心说：有时火星和太阳位于不同侧，则地日距离 d_1 > 地火距离 d_2

球比太阳距离地球远。而这正好符合日心说的理论推测，即火星是和地球一样都绕着太阳转的。既然火星在地球之外，它就有可能和地球一起处于太阳的同一侧，也可能和地球分别处于太阳的不同侧。因此，伽利略用经过观测的事实反驳了地心说，从而支持了日心说。

时至今日，日心说作为宇宙的本体论，即"太阳是宇宙的中心"这一理论也已经过时了。在太阳系之外又发现了很多其他的恒星系，这些恒星系部分处于银河系之内。同时也观测到在银河系之外还存在更多像银河系一样的星系。那么太阳系不仅不是宇宙的全部，它更不是宇宙的中心，甚至就连银河系也不是宇宙的中心。

三、开普勒：
行星运动规律

我们可以把哥白尼、伽利略、开普勒、第谷这四个人称为现代物理学"四大贤人"。第一大贤人一定是哥白尼，他是年纪最大的；老二是第谷，本章下一节来专门介绍他；老三是伽利略，他比开普勒大7岁；老四就是开普勒。

开普勒出生于1571年的德国符腾堡，16岁进入图宾根大学学习。当时大多数科学家都不认同哥白尼的日心说，但还是学生的开普勒很快相信了这一学说。17岁时他就获得学士学位，20岁拿到硕士学位。

大学毕业后，开普勒在奥地利的格拉茨研究院当了几年教授。当时已经十分著名的天文学家第谷邀请他去布拉格的天文台做自己的助手。据传说，当时第谷还只把开普勒当作初出茅庐的小孩，很多仪器都不让开普勒接近，很多观测资料也都不愿意拿给开普勒看。

这两位伟大的天文学家仅共事了1年左右。1601年第谷去世之后，神圣罗马皇帝任命开普勒接替第谷的皇家数学家一职，这时开普勒才有机会翻阅第谷过去的观测资料。

开普勒对这些资料进行了认真研究，特别是钻研了关于五大行星的观测资料，最终总结出了著名的开普勒定律，即行星运动的三大定律。开普勒定律在物理学史上起到了至关重要的作用，它启发牛顿发现万有引力，同时也确凿无疑地支持了哥白尼的日心说。

这三大定律是什么呢？第一定律是行星绕太阳运动的轨道都是椭圆。在这之前人们都认为，行星要么是绕着地球以非常复杂的本轮和均轮叠加的方式运动，要么是绕着太阳以圆周运动。但是开普勒发现，行星运动的轨道其实就是非常简单的椭圆轨道。椭圆通常有两个焦点，而太阳就位于这个椭圆轨道的其中一个焦点处。

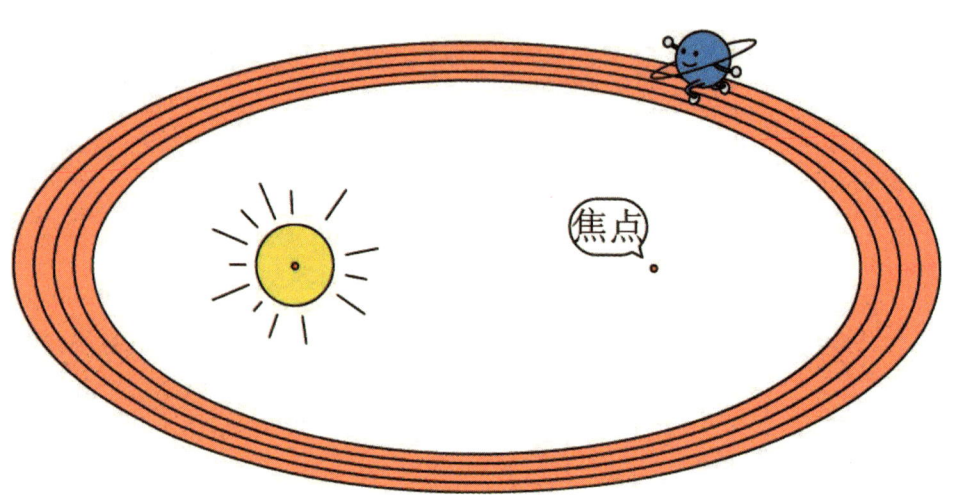

· 太阳位于椭圆轨道的其中一个焦点处

第二定律是如果我们画出从行星到太阳的一条连线，那么这个连线在单位时间内扫过的面积都是相等的，不管这个行星在这个轨道的什么位置。

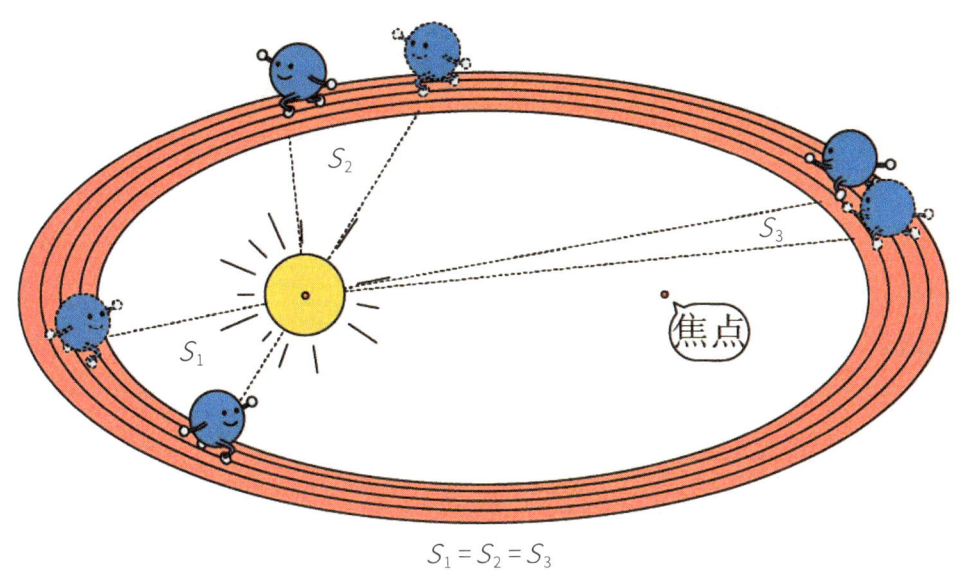

$$S_1 = S_2 = S_3$$

· 行星到太阳的连线在单位时间内扫过的面积相等

第三定律是关于行星运动周期和行星运动轨道半长轴的长度。行星公转周期的平方与这个半长轴长度的立方成正比。

有意思的是，1600 年，29 岁的开普勒还出版过一部小说，这部小说的名字叫《梦游》，故事内容是人类探月。那时还没有万有引力的概念，但是开普勒想象在月亮和地球之间有一个平衡点，这个点更加靠近月亮。一旦人类旅行到这个点，就可以自由地向月亮下滑。他想到一个非常美妙的旅行方法，把人类发射到那个平衡点，然后从平衡点自然地滑向月球。

在这本书里他还谈到了很多其他的话题，比如喷气推进和轨道惯性，他甚至还想到了零重力状态和太空服。其实那个时候别说零重力状态了，就是"重力"这个概念都没有诞生。我们现在完全无法想象，开普勒是怎么在 400 多年前就想出这些高科技成果的。

我们一般认为玛丽·雪莱于 1818 年出版的《弗兰肯斯坦》是人类历史上第一部科幻小说。但其实开普勒的《梦游》就已经具备了科幻小说的雏形，称之为科幻小说的开山鼻祖也不为过。

与我们之前介绍过的、出身于贵族或中产家庭的物理学家不一样，开普勒家境贫寒，但他少年得志，后来成为天文学、物理学、甚至占星学的领袖人物之一。

文艺复兴之后，占星学突然进入了第二次黄金时代（第一次黄金时代是古希腊时代），在上流社会影响很大。当时王公贵族、上流社会的人们普遍喜欢占星学，教皇、国王、贵族都沉迷于此。在意大利，每个君王的宫廷里几乎都有占星学家充当顾问，为大小事务出谋划策，甚至国家政策的决定都会受到占星学的影响。

不过开普勒确实把占星学当作一门实在的、经验性的科学。跟研

究行星一样，他精心制作了好多重要人物的星盘图，也就是他们的命运图，推算他们出生时的天体位置，记录他们生活中的事件。他觉得占星学里面包含了对神秘宇宙的思考，包括季节的变化和人体的律动也都与宇宙相关。

除了在天文学、物理学领域颇有建树，开普勒还是一位数学家。他研究过雪花的六边对称性。

对称性的概念并不难理解。比较简单的一维对称性，就是在一条直线上等距离地选取一些点，可以用小学课本中会讲到的案例来理解：选择 x 轴，在原点选一个点，在 1 的地方选一个点，在 2 的地方选一个点，这样一直选下去。

这里选的是正整数，也可以向负整数方向选，比如说在原点另一边再选 –1，在 –1 之后选 –2，这样可以选无穷多个点。如果我们把所有点都向左或右平行移动一个格子，这些无穷多个点跟原来的点是严密重合的。这就是一种对称性。

可以再设想一个圆。圆和直线的区别在于它是曲线，但是它也有对称性。如果我们在圆线上面等距离地选 N 个点作为等距离点，再把圆转动一下，转动的角度是 360 度除以 N。以这个角度转动之后，这 N 个点跟原来的点是严格重合的，这也是一种对称性。

正方形也有对称性，其中一种称之为四度的对称性，这个四度其实就是转四个 90 度，新图形和原图形都严格重合。还有另一种对称性，就是把正方形一剖两半，把下面的矩形挪到上面去，上面那个挪到下面来，这个正方形仍然重合。这样的对称性就像照镜子一样，以对称轴为基准互相对应，所以在物理学中就叫作镜像对称性。

回到雪花形状之谜。开普勒是怎么想到研究雪花的呢？说起来非常偶然，也很无奈。当时开普勒接受了鲁道夫二世——当时的神圣罗马皇帝——给的天文台台长的位置，可是鲁道夫二世突然忘记给他发薪水了。连续停了好几个月薪水，导致开普勒家里穷得揭不开锅。

那是大冬天，他百无聊赖地在大路上散步（可能是饿了，只能靠散步来打发时间），看到了满地的雪花。他把一片雪花捡起来一看，发现它有非常漂亮的六条腿，然后又捡起另外一片雪花，这片雪花长得跟上面一朵雪花不同，但是同样也有六条腿。

其实雪花不管长得是否一样，拿放大镜看的话，都具有六重对称性（有六条腿），就像正六边形一样。正六边形是有对称性的，它的对称性是什么呢？同样和刚才一样，在正六边形中间找一个点，然后把该图形每次旋转一个角度——只不过这个时候就不是转 90 度，而是转 60 度——它与原来的形状就又重合了。

开普勒就想，既然如此，那么所有的雪花都应当有六条腿，且都

　　　　　　　　森叔说科学家：他们影响了人类文明

· 雪花晶体

具备对称性。400年前还没有分子原子的概念，开普勒去世后，直到20世纪才慢慢有人猜测，雪花的对称性实际上是一种晶体的生长方式。其实盐也是如此。只要把盐打碎，那么不管颗粒是大是小，它的形状都是一样的。

雪花是晶体中的一个特殊情况，因为雪花是一个扁平、二维化的晶体，可以被看作一个平面来观察。现实生活中的水晶和很多矿物质（比如铁）也是晶体，这些晶体都与我们的生活有着非常密切的关系。

四、第谷：
近代天文学奠基人

　　开普勒名义上的老师，就是"四大贤人"之一的第谷，全名叫作第谷·布拉赫。开普勒和伽利略尽管在科学史上的地位都比第谷高很多，但年纪其实都比第谷小。第谷是个特别神奇的人物，不仅为天文学的发现做出了巨大贡献，而且他本人的生活也非常猎奇。

　　第谷不仅仅是天文学家，还是一位星象学家。他出生于丹麦的一个贵族家庭，生日是 1546 年 12 月 14 日。按照现代星座学说，第谷属于射手座，而生于同月的开普勒由于晚出生了 10 多天，就成了摩羯座。

　　哥白尼、第谷、伽利略和开普勒这四位贤人具有很多共同的特点：第一，他们信仰基督教，有的是天主教徒，有的是路德教派；第二，他们都多才多艺。其他三位的多才多艺在前面几节已经有所介绍，至于第谷，他除了天文学，在炼金术和草药方面也有研究。他发现的一些草药，直到 20 世纪都还在使用，看来可以称第谷为"西方

我发现了超新星，也发现了许多草药。

· 第谷

的李时珍"。他还开办了也许是最早的研究生院，教授天文学和医学。

第谷的一个伟大贡献是发现了一颗超新星。

前面提到过，亚里士多德认为，这个宇宙中有三种物质：第一种可感知又可毁灭，比如像植物、动物和人类，他们都有生也有死；第二种可以感知但不可毁灭，亚里士多德认为月亮之上的东西不可以毁灭；第三种，是不可感知也不可毁灭的物质，就是人的灵魂和上帝。

第谷发现超新星，就是发现了月亮之上的东西也可变，从而完全否定了亚里士多德关于天体的学说。当然，第谷不是历史上第一个发现超新星的人，在中国宋代的时候，人们就观测到了一颗超新星，当时的史官把它称之为"客星"，"客"的含义就是可变。它不是永恒不变的，而是突然亮起来，然后又突然消失掉。

第谷是在 1572 年的 11 月 11 日，观测到仙后座星系中出现了一颗新的明亮的恒星，于是就使用自己制造的仪器对这颗星进行了一系列观察。

要注意的是，那个时候并没有望远镜，观察超新星完全依靠肉眼。第谷制造的仪器是一种能帮助他确定天体坐标的仪器。他对这颗星进行了一系列观察，一直到 1574 年 3 月，这颗客星变暗、然后慢慢看不见了才罢手。经过这 16 个月的详细观察，第谷取得了惊人的成果，从而也彻底动摇了亚里士多德的学说。

除了发现超新星，第谷最重要的贡献是对五大行星的观测，并把观测资料绘制成一张详细的表。他去世之后，这个表被开普勒重新发掘出来。正是根据第谷的详细观察，开普勒才推演出开普勒三大定律，开创了全新的天文学。

不得不提的是，第谷虽然是一位杰出的观察家，但也确实是一名失败的理论家。他的宇宙观是错的：不接受日心说，不接受地球绕着太阳旋转的说法，认为其他行星都绕着太阳转，但是太阳率领这些行星小兄弟们还是绕着地球运动。所以他的体系是介于地心说和日心说之间，但是根本上还是接近地心说。

但必须强调，第谷对天文学做出了杰出的、永恒的贡献。他的观测精度之高，使得开普勒能够总结出自己的定律，即所有的行星都是绕着太阳做椭圆运动，而且其中一个焦点就是太阳本身。第谷还绘制了恒星图，这些观测都启发了开普勒之后的天文学家，所以他的贡献是多方面的。

我们总结一下第谷对天文学的三大贡献。第一个贡献是发现超新

· 第谷的地心说设想

星，否定了亚里士多德"月亮之上天体不变"的学说，证明了天体有演化、也有生有灭。第二个贡献是，他对行星的观测启发了开普勒发现开普勒三大定律，而开普勒三大定律又启发了牛顿发现万有引力。第三大贡献就是绘制了恒星图。

　　除了科学研究，第谷的生活经历也非常有趣。先前提到过他是一个丹麦的贵族，有一个故事就跟这个贵族身份有关。据说第谷喜欢跳舞，但他的脾气非常暴躁，在一次舞会上跟人发生争吵并最终演变成决斗—决斗就是用贵族的方式来解决问题。

决斗没有惹出人命官司，谁也没有死，不过第谷的鼻梁被对方打断了。因为当时并没有像现在这样的整容手术，他就不得不戴上假鼻子生活。传说中这个假鼻子的制作材料是黄金，也有说法认为是白银，我们知道白银和黄金都很重，戴上假鼻子生活非常受罪。

后来人们发掘了第谷的坟墓，发现他的颅骨中间呈现绿色。要知道，黄金和白银氧化后不会产生绿色（黄金基本不氧化，白银可以氧化但是会发黑），所以显然假鼻子的材料是铜。他确实戴了铜制的假鼻子，而且平常身上还要带着胶水，可以把时不时就会掉下来的假鼻子粘回去。

1601年，第谷逝世于布拉格。第谷的死因非常离奇，有人说他是因为参加宴会时大吃大喝，喝了太多酒把膀胱撑破而不幸去世。但是1991年，哥本哈根大学对第谷的头发进行了化学分析，发现其中汞含量大大超标。到了1996年，进一步的检验证实，过量的汞是在他死去的前一天才摄入，所以这位天文学的祖师爷确实是死于汞中毒，被尿憋死的说法应该是不经之谈。

但是现在又开始流传一个新的说法—他是被谋杀的。那么是谁在第谷的食物里下了水银呢？这个仍然是未解之谜。

第 3 章
革命时期的成就

文艺复兴时期的四大贤人为现代科学的发展奠定了基础，继之而来的便是资产阶级革命时期的科学家们。他们各有什么故事？人类历史上第一个被发现的定律是什么？牛顿和胡克有怎样的矛盾？马德堡半球实验是谁组织的？第一科学世家又是怎样形成的？

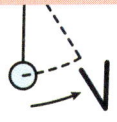

一、玻意尔：
人类历史上第一个
被发现的"定律"

　　人类历史上第一个被发现的定律，也就是玻意耳定律。它的发现者，就是名称里出现的玻意耳。

　　玻意耳定律是关于气体性质的规律。古代人类没有掌握气体的规律，一直到了近代，玻意耳才发现了关于气体的第一个定律，同时这也是人类历史上发现的关于大自然的第一个定律。有人说玻意耳定律是一个化学定律，但是通常在物理学家看来，它更像是一个物理学定律。

　　为什么呢？我们知道物理学定律分成两种：一种是简单的，像牛顿第一定律、第二定律那样，针对个体物体的定律；而玻意耳定律是将很多因素放在一起讨论的定律，我们又称之为宏观定律。从今天的角度来看，宏观定律针对的是众多分子和原子形成的聚集体。

　　从物理学角度来看，玻意耳定律又属于热力学定律。热力学在物理学中是一个非常大的领域。到了 19 世纪的玻尔兹曼，热力学定律

　　　　　　　　　淼叔说科学家：他们影响了人类文明

又被统计学所解释了。

统计学的解释是，从分子原子的角度来看，该定律是一大堆分子和原子的集体运动规律。也就是说，如果不谈任何分子和原子的个体，只谈集体，那么玻尔兹曼所揭示的正是这个集体的运动规律。玻尔兹曼从统计物理的角度出发，解释了从玻意耳以来一直到 19 世纪下半叶人类发现的所有热力学定律。

在讲述玻意耳定律之前，我们先介绍一下玻意耳的生平。玻意耳的全名叫作罗伯特·玻意耳，1627 年出生于爱尔兰。

玻意耳生活在英国的资产阶级革命时期，那个时代涌现了很多科学巨人。提出用实验来研究科学的第一人培根在玻意耳出生的前一年去世，伟大的物理学家牛顿比玻意耳小 16 岁，而前面介绍过的伽利略和开普勒，还有法国的笛卡儿都和玻意耳生活在同一个时期。

玻意耳出生在英国的一个贵族家庭。这是一个大家族，玻意耳年纪最小，上面有十几个哥哥和姐姐。在他 3 岁的时候，妈妈就去世了，玻意耳从小体弱多病并口吃，可能就是源自缺乏母亲的照顾和关爱。

他从小就是一个安静的孩子，说话有点口吃导致性格比较内向。但他非常聪明，小时候特别爱学习，常常书不离手。8 岁的时候，父亲把他送到伦敦郊区著名的伊顿公学。稍微了解英国历史的人都知道，伊顿公学是专为贵族子弟办的学校，很多名人都曾在这所学校学习过。

玻意耳在这里一直求学到 11 岁，随后跟随哥哥一起，在家庭教师的陪同下来到瑞士的日内瓦，在那里学习法语、数学以及艺术。瑞士是当时宗教改革运动中涌现的新教根据地，玻意耳在那里也受到了带有资产阶级思想痕迹的新教教义的影响。

因为幼年体弱多病，玻意耳经常需要看医生。那个时候近代医学还没有发展，西方也仍然在依靠传统方式治疗，看病不太容易好。从小就饱受疾病痛苦的玻意耳，因此就不太相信医生，宁愿自己去研究医学，从而成为一名无师自通的医生。

正是因为如此，玻意耳对化学产生了兴趣。我们知道近代医学始于化学，几乎所有近代医学的药都是化学合成，只有少部分是从植物里面提取出来。

因为家庭很富有，玻意耳就直接在自己家的庄园里建了一座实验室来研究化学。到了 1654 年，他迁住于牛津。在牛津大学一名药剂师（那个时候的药剂师其实就是化学家）家里，他又建立了一座设备很齐全的实验室，并招了几名助手。其中有些助手后来成了著名的科学家，比如胡克—我们在下一节会介绍他。

化学史家把 1661 年作为近代化学发轫的年代。也就是说在这一年，有一部非常重要的著作发表了，书名叫作《怀疑派化学家》，作者就是英国科学家罗伯特·玻意耳。

接下来我们谈一谈玻意耳定律。玻意耳定律有时候又叫玻马定律，因为独立发现该定律的还有另一人，名叫马略特。他是一位比玻意耳稍微年长的法国科学家。两人在互不通气的情况下先后发现了这个定律。

玻意耳定律是关于气体的。严格来讲，它是关于理想气体的。什么叫理想气体？我们知道，气体里的分子和原子一定会互相碰撞，否则气体就无法达到一个热平衡，也就不会具有相同的温度。但是我们假定它们基本上不碰撞，而且把分子和原子看成一个严格的点状，即它们互不排斥也互不吸引，没有相互作用，这样的气体在物理学家的定义里就叫理想气体。但是理想气体最早是热力学的定义，不是我们刚才提到的分子原子层面的定义。

玻意耳发现，理想气体存在一个简单的定律。给定某气体一个固定不变的温度，那么它的压强和体积的乘积是不变的。也就是说，倘若把压强提高一倍，那么体积就要缩小一半；把压强再增大一倍，体积就再缩小一半。

100多年后，这个定律被盖-吕萨克拓宽并推广了。盖-吕萨克把温度的变化也考虑了进来。如果把温度提高一倍，固定压强，体积就会提高一倍。这个定律就叫盖-吕萨克定律。

后来到了19世纪，物理学家范德瓦尔斯又对理想气体状态的方程做出了改进，将被理想气体模型所忽略的气体分子和原子的自身大小，以及它们之间的相互作用力考虑了进来。

改进后的方程就叫范德瓦尔斯方程，或者叫范德瓦尔斯定律。直到现在，这条定律都是气体和液体研究领域里非常有用的定律，它可以精准地描述气-液临界温度以上的流体的性质。

后世的科学家们在玻意耳的基础上，不断补充并完善了气体定律。

那么，玻意耳最初是怎么发现玻意耳定律的呢？

在玻意耳发现该定律之前，法国科学家用黄铜气缸做了一个气体实验，气缸中间装有活塞。当几个人同时用力按下活塞、压缩气缸里的空气时，他们发现活塞并没有被弹回来，并由此得出了一个错误的结论——气体体积受到压缩变小之后，压强没有什么变化。

今天，所有吹过气球的人都知道，当我们吹出一只气球，并用力压这只气球，就会明显感到气球内部的压强在变化，只是没有办法精确地测出它的压强是如何随着体积的变化而变化的。

在法国科学家做了这个实验不久后，玻意耳说："我可以很快证明法国科学家是错的，而我会得到一条正确的定律。"他做了一根玻璃 U 形管，把 U 形管的其中一端封死，封死的一端比较短，而没有封死的一端比较长，然后在长的那一端灌入水银。

水银灌入越多的时候，短的一端里面的空气就被压缩得越厉害。通过观测灌入水银量的多少，就可以知道管中气体的压强是多少，因为管道内的气体压力必须平衡另一端水银的重量。通过这个实验，玻意耳得出了玻意耳定律。今天在中学的实验室还可以重复同样的实验。

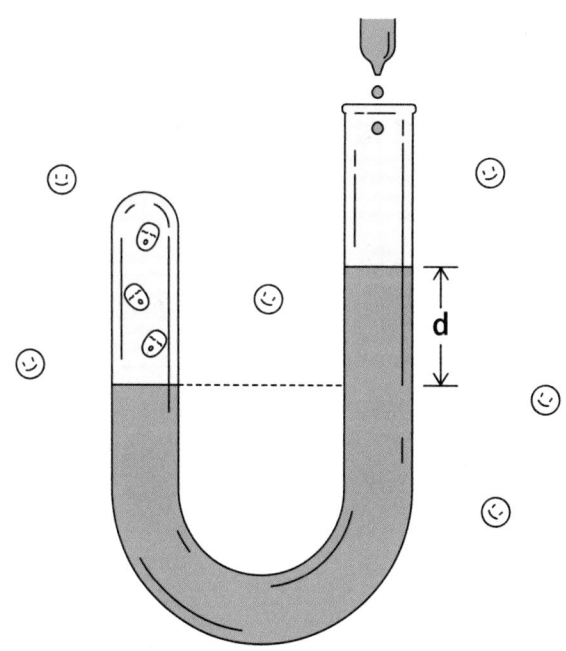

· U 形管短的一端的空气被压缩

淼叔说科学家：他们影响了人类文明

玻意耳定律在生活里被应用得很广泛，比如虹吸现象。小时候养鱼，为了把玻璃缸里面的水抽掉，我们会拿一根充水的管子放进鱼缸，然后把管子通到下面的脸盆里，脸盆放置的水平位置比鱼缸更低。将管子内的水流进脸盆后，由于管内形成真空，鱼缸里的水就在大气压的推动下，被向上压进管子内，水就自然而然流进脸盆里了。虹吸现象也会中断。假如在流动的水中出现气泡，当气泡足够大时，管子里的压强差就会减小，虹吸现象就会消失。

这些就是玻意耳定律的应用。最后还要强调一下，这条定律尽管没有那么普及，但它是物理学中被发现的第一条定律。

· 虹吸现象

二、胡克：
被牛顿所掩没的天才

　　玻意耳迁住牛津、建立实验室时，曾经招了一位名叫胡克的助手。当时的玻意耳也许意识不到，十余年之后，这位年轻人将会成长为一个声名显赫的物理学家。

　　胡克的全名是罗伯特·胡克，1635 年生于英国怀特岛的弗雷斯沃特村。他和牛顿同时代，比牛顿年长 8 岁。胡克是 17 世纪英国最出色的科学家之一，同时也是英国皇家学会的创始人之一。他不仅是科学家，同时也是一名发明家和博物学家。

　　胡克从小的生活境遇并不好。他体弱多病，13 岁时父亲就去世了。家中失去了顶梁柱，他只能半工半读才能够继续学业。但他也十分争气，上大学后成了当时鼎鼎有名的科学家玻意耳的助手，随后通过发现胡克定律，建立起了在学术界的声誉和地位。

　　胡克定律的基本内容是什么？可以用一个现象来说明。假如有一根弹簧，只要不把它拉得特别长，没有变形太多，那拉长这根弹簧所用的力与它所被拉伸的长度是成正比的。换句话说，如果用牛顿的力的概念来表示，就相当于 F（力）= 常数 × 弹簧被拉长的长度，这个常数就是胡克的弹性系数。

日常生活中很多现象都满足胡克定律。在健身房里见到的那种可以用双手撑开的弹簧，就是满足胡克定律的；更常见的橡皮筋也是满足胡克定律的。

胡克发现了胡克定律，并在这个基础上发明了钟表里的游丝，使得后来的机械表、机械钟成为可能。这里说的机械表不是钟摆钟，钟摆钟是根据伽利略所观察出的原理才制作而成。

为什么游丝可以用来做钟表呢？利用胡克定律，再用牛顿的第二定律，就可以解答弹簧的振动问题。我们会发现，弹簧振动一个来回的时间是一样的，无论把它拉长一毫米还是两毫米，振动的时间仍然不变。也就是说，振动时间跟弹簧被拉伸的长度没有关系，这种现象

· F = 常数 × 弹簧被拉长的长度

也叫作简谐运动。简谐运动的意思就是又简单又和谐，它的每个周期是固定的，周期本身只和弹性系数有关。

顺便一提，关于胡克定律的历史还有另一种说法。早在胡克之前，中国的儒学大师郑玄就发现了胡克定律。郑玄生活在东汉末年，在儒学史上占有非常崇高的地位。他在注释《考工记·弓人》的时候说，假如有一张弓，拉伸三尺需要三石的力量，那么拉一尺就需要一石（中国古代一个重量单位）的力量。这其实就是胡克定律，郑玄已经将弓的变形与其所受外力成正比讲得清清楚楚了。

除了在力学方面的成就，胡克在光学、天文学领域也有很多建树，他在科学仪器方面的发明设计非常有名，设计制造了真空泵、显微镜和望远镜，并用自制的望远镜观察了火星的运动。

此外，胡克还用自制的显微镜观察了一块软木薄片，在软木薄片里发现一格一格的东西。这一格一格的东西被命名为"cell"，也就是我们熟悉的细胞。

胡克的发明创造非常丰富，他被称为"英国的达·芬奇"。

不过胡克的性格比较傲慢和激进，这有可能和他年少时候的艰辛成长环境有关。成名后，胡克经常与学界其他人发生冲突，其中最有名的争执发生在他和牛顿之间。接下来谈谈他们两人之间的故事。

两位科学家第一次结仇是在牛顿年轻的时候。前面说过，胡克是英国皇家学会的创始人之一，曾做过英国皇家学会的会长，而当时，牛顿设计了一架反射式望远镜。望远镜分为折射式和反射式，现在最大型的望远镜都是反射式的，因为折射式做不大。

当牛顿第一次把反射式望远镜呈献给英国皇家学会时，胡克非常生气恼火，他对牛顿说："我在你发明这个望远镜的 7 年前就发明了反射式望远镜，而且功能比你的强大多了。"

牛顿是一个生性腼腆的人，胡克的针对让他很受打击，曾一度宣称要退出皇家学会。在他人的调解下，双方才达成了暂时的和解。但他们之间的矛盾还远不止于此。

在牛顿发表了《自然哲学的数学原理》之后，胡克非常恼火，称牛顿剽窃了自己的成果。因为他曾在 1679 年写信给牛顿，信中写道，天体的运动受中心引力所拉扯，而且引力与距离平方应当成反比，因此地球表面抛体的轨道应该是椭圆。因此，如果地球能被穿透，物体将回到原处，而不像牛顿所说的，物体的轨迹是一条螺旋线，最终将绕到地心。

牛顿后来发现万有引力理论的时候，认同了胡克的这一说法。胡克让牛顿把自己的贡献写到《自然哲学的数学原理》这本书的前言

牛顿　　　　　　胡克

· 胡克和牛顿关于地球表面抛体的争论

中，但凭两人的关系，牛顿并不愿意，于是便引发了胡克攻击牛顿剽窃的事。

后来，牛顿给胡克写了一封信，信中说："我之所以能发现万有引力，是因为我站在巨人的肩膀上。"这句话现在都被当作表达谦虚的名言来引用。实则，牛顿当时写这句话是在嘲讽胡克的矮小和驼背。

胡克不仅和牛顿吵架，也和别人吵架，比如莱布尼茨。莱布尼茨是德国的数学家，发明过手摇计算器，来华使臣还送给过康熙皇帝一台。有一次，莱布尼茨携带他的手摇计算器到英国造访，得到了英国皇家学会很多会员的好评，但胡克却毫不客气地嘲笑莱布尼茨的发明，指出他的手摇计算器根本不行。

此外，胡克还跟惠更斯吵过架，尽管他们俩都属于波动说阵营，是同一个科学思想领域的伙伴。胡克和惠更斯一样，同为光的波动说的创始人。这种学说认为光是一种波，而且是横波。横波是什么意思呢？就是它振动的方向和传播的方向是垂直的。

举个例子，扔一粒小石子到水里，会产生水波，水波通常是上下振动，且与传播的方向正好垂直。所以水波，至少是浅水中的水波是横波。而声波的振动方向和传播方向是一致的，这就不是横波，而是纵波。

那个时代，要验证光的波动说已经不太容易，要进一步验证光是横波就更加困难了。后来惠更斯发现了惠更斯原理，可以解释光的衍射。之后，托马斯·杨通过光的干涉实验验证了光是波，而且还是一种横波。

直到麦克斯韦写下麦克斯韦方程，人们才从理论上知道，电磁波和光波都是横波。再后来，我们终于可以通过实验来证明光波和电磁

· 声波是纵波，水波是横波

波是横波。所以从某个角度来讲，胡克确实是一个天才，在缺乏理论和实验的条件下，他就已经提出了"光是横波"这个理论。

胡克的性格让他和众多的学者产生争吵，而牛顿虽然生性腼腆，但也并不畏惧与胡克争辩。在胡克去世后，牛顿成为新任英国皇家学会会长。由于此前长期受到胡克的排挤，牛顿便也以牙还牙，开始全方面地排斥胡克。他将胡克实验室和胡克图书馆解散，并将胡克的所有研究成果、研究资料和实验仪器也分送给他人，或予以销毁。

或许，如果没有与牛顿的这些恩怨，这一位"英国的达·芬奇"的真实面貌会更加清晰地展露在后人面前。

淼叔说科学家：他们影响了人类文明

三、牛顿：
近代物理学开创者之一

我们常说伽利略和牛顿开创了近代物理学的光辉时代。在前面的章节中我们介绍了伽利略，所以这一节的主角是牛顿。我们都知道，牛顿和爱因斯坦是两位古往今来的最伟大的物理学家。

牛顿在 1643 年 1 月 4 日出生于英格兰林肯郡乡下的一个小村落，即伍尔索普村的伍尔索普庄园，他的生年比伽利略晚了差

· 牛顿

不多 80 年。1703 年，牛顿成为皇家学会会长，1705 年被安妮女王封为爵士，这些都是他普通的、世俗的光环。

现在看来，他就是我们通常说的励志人物的典范，因为他出生在农村，家里并不十分富裕。而且还是个遗腹子，一出生就是单亲家庭，父亲已经早早离世了。后来他母亲改嫁，家庭情况有所改善，却也不是十分富有，但是还是让牛顿上了著名的剑桥大学。

他去世的年份是 1727 年，也就是说他活到了 84 岁的高龄，这在那个时代很难得。终其一生，他的贡献包括牛顿力学、万有引力、光学、数学等，为近代科学做出了巨大的贡献。

关于力学和万有引力，牛顿有一本著作讲得很详细，这就是《自然哲学的数学原理》。这本改变世界的伟大著作出版于 1687 年，虽然当时牛顿已经发现了微积分，甚至称得上是微积分的发明者之一，但在这本书里面他完全不用现代的微积分，而是用代数和普通的几何来演绎他的力学体系。

得过诺贝尔物理学奖的印裔美籍物理学家钱德拉塞卡，据说在晚年没事可干的时候，就反复地验证《自然哲学的数学原理》里面的一些推导。他发现，在不用微积分的情况下，牛顿的推导总是最简洁的，这就是牛顿非常了不起的地方。

牛顿发表《自然哲学的数学原理》，是在发现了力学体系和万有引力之后。在外界的逼迫之下他才把这本书写出来的，因为再不写的话，有一些功劳就会被别人抢去了，比如说胡克这样的人。之前我们提过，胡克号称牛顿剽窃了他的万有引力理论。当然现在仔细看，这种剽窃的说法是站不住脚的。

牛顿对物理学都做过什么样的贡献呢？首先是力学中的牛顿第一

定律、牛顿第二定律和牛顿第三定律，许多人喜欢开玩笑地把它们叫作"牛一""牛二"和"牛三"。这是他对力学的贡献。

牛顿对物质世界基本规律的贡献，是发现了万有引力，它指的是两个质量之间存在着普遍的引力。当然"万有"这个词是我们中文里面特有的，在拉丁文和英文中，就翻译为"引力"。我其实觉得"引力"这个词其实更好，因为它不对任何东西做任何区别，它暗含的意思就是"万有"。

除了牛顿三大定律和万有引力之外，牛顿对物理学的又一个重大贡献就是光学。牛顿开创了几何光学，在他眼里，光是沿着直线传播的，而不具有波动性。

我们知道，后来牛顿的光学理论被惠更斯给颠覆了，因为惠更斯认为光是波，而不是微粒。但是牛顿确确实实对光学有重大贡献，几何光学到今天还有非常强大的应用，包括透镜原理。牛顿还发现，太阳的白光经过三棱镜的折射会分散成光谱。

这个光谱我们习惯叫作红、橙、黄、绿、青、蓝、紫七色光，其实它远远不止七种颜色，它是一个连续的、变化的光谱。我们现实生活中存在的颜色也不止七种，例如橙和黄之间还有很多的过渡色，要不然我们的时尚衣服就不可能那么千变万化。

牛顿对物理学还有很多其他的贡献，就不一一列举了。牛顿是除了爱因斯坦之外，古往今来最伟大的物理学家，超越了之前提到的哥白尼、开普勒、第谷和伽利略，也远远超越了亚里士多德。

回到牛顿的第一定律，其实牛顿只不过是把伽利略发现的惯性原理重新讲述了一遍。伽利略早就发现了，一个物体在真空里面运动起来，如果不对它施加外力，则物体处在匀速运动的状态。

当然伽利略定义的匀速是有出发点的，也就是相对于地球。按伽利略的说法，地球是惯性的一个参照系。相对于惯性参照系，物体在不受外力的情况下做匀速运动。牛顿在伟大的力学框架里面，把伽利略的惯性定律，总结为牛顿第一定律。

牛顿第二定律总结出一个简单的等式：等式的左边是力，右边是质量乘以加速度。这条定律并不像它看上去那么简单，因为我们并没有定义"力"是什么。我不知道牛顿心目中到底怎么定义，可以猜测，这跟伽利略发现的另外一个重要的物理规律有关，也就是：在地球的重力场中，重力跟物体的质量成正比，所有的物体的重力加速度都是一样的，就是 g，也就是 9.8m/s2。

如果定义了重力，就可以定义其他力了。也就是说一个物体在重力以及这个力的相互作用之下能够保持静止，那么这个力的大小就等于重力。我猜想牛顿所定义的力正是如此，否则的话，牛顿第二定律就没有意义了。

最后我们强调一下牛顿第三定律，也就是我们大家都很熟悉的——你打我一巴掌，你同样感觉到疼。因为你给我的"力"，等于我给你的反作用力。

"牛三"这个定律是真正非常有用的定律。在现代物理学中，又可以看成是一个动量守恒。什么叫动量守恒？就是一个物理体系，它的总动量等于每个质点的质量与它速度的乘积的总和。

比如说，假如我和你站在滑板上，这个滑板和地面没有摩擦力，我推你一下，你受到一个力，然后你又反作用在我的身上。如果这两个力相等呢，就可以推出来，你的质量乘以你向后运动的速度，等于我的质量乘以我向后运动速度——当然这两个运动速度的方向是相反的。

所以假定我有 60 千克，你有 30 千克，那么我向后运动的速度就

· 力的相互作用

是你的一半，这个可以从牛顿第三定律推导出来，可见它确实非常有用。

有一个非常有意思的实验是，我们把一组完全一样大的钢球挂在一起，假定钢球弹性无限的好，我把其中位于最左边的钢球提起来，钢球在重力场中就会获得势能，然后把它放下撞到这一排钢球上面，你会发现，只有最右边的一个钢球被弹出来，而其他钢球都被另一钢球的反作用力弹回去了。这就是牛顿伟大的第三定律的运用。

接下来，需要详细谈谈牛顿爵士在光学领域的贡献。《自然哲学的数学原理》出版 17 年后，牛顿的另一部经典《光学》于 1704 年出版。《光学》系统地总结了牛顿一生对于光学的研究，它出版的时候牛顿已经 61 岁，但其实他很早就已经开始研究光学了。

牛顿还在剑桥上大学的时候，黑死病席卷了伦敦，大学被迫关

· 只有最旁边的钢球会被弹出来

闭，他为了躲避瘟疫而回到家乡。那个时候他无事可干，就开始系统地思考力学、微积分，也做了一些光学实验。

《光学》第一篇里就谈到了他年轻的时候所做的实验（关于几何光学和颜色的理论，也就是三棱镜光谱实验）。此外，从1663年，也就是牛顿20岁的时候起，他就开始自己研磨透镜并自制望远镜了，虽然那个时候透镜和望远镜早就被发明了。

在送交给皇家学会的一封报告里面，牛顿提出了新的理论，也就是光的颜色理论。从亚里士多德到笛卡儿都认为白光是纯洁的、均匀的，白色乃是光的最原始的本色，而色光是白光的分解。

但牛顿在报告中提到，白光是由不同颜色的光所组合而成。他在报告里详细地叙述了他如何开小孔，从小孔引进阳光，再把阳光的白光投射到三棱镜上做了色彩实验，最后他发现光的颜色呈现出五光十色的样子，而不是单纯是白光。

他还细致地观察到，阳光不是像过去人们所说的五色，而是在红、黄、绿、蓝、紫之间还有橙、青过渡，一共七色（当然，其实阳光是一个均匀的光谱）。奇怪的是，棱镜分光后形成的不是圆形，而是长条椭圆形。于是他发现，三棱镜不同的厚度和不同大小的穿孔，会导致人眼观察到的现象不同。

因此，我们可以说，自从人类研究光学以来，牛顿是第一个把光学研究得比较清楚的人物。特别是他发现，白光是由不同颜色的光所构成，并在此基础上提出了"光的微粒说"，也就是说，光线是由无数微粒组合而成。

当然牛顿的"光的微粒说"跟我们今天的"光子说"有所区别。"光子说"是由爱因斯坦提出，而牛顿并没有区分不同颜色的光的微粒的不同。也就是说，他并不知道它们携带的能量不同，甚至动量也不同。

· 三棱镜

但是，如果认为光是由微粒构成的话，牛顿的几何光学就很容易解释了。因为几何光学中，光的路径跟我们普通物体的路径很像，都走的是直线。通过不同的介质时，光会像微粒一样弯曲，就像微粒进入不同地方的时候也会拐弯。但和普通物体不同的是，微粒拐弯是因为外力的作用，而"光的微粒说"不太容易解释光的折射现象。

总而言之，牛顿发现光（这里指阳光的白光）经过三棱镜的折射后，按一定的颜色顺序排列，是因为不同颜色的光通过三棱镜时走的是不同路径。

我们今天也用折射现象来解释雨后的彩虹，但那是经过两次折射后进入我们眼睛的颜色。除了彩虹之外，还有一个更加复杂的现象，我们称它为"霓"，霓的色彩排列跟虹正好相反。这些现象都可以用水的折射率来解释。

《光学》的第二篇是牛顿的经典贡献。他在第二篇中描述了牛顿环实验，也就是光照射在叠放的凸透镜和平面玻璃上的现象。这也是一个非常著名的实验现象。除了没有解释"牛顿环"产生的原因，牛顿做了现代人所能想到的一切实验，这是他非常了不起的地方。

牛顿把干涉现象解释为"光行进中的突发和切合"。直到后来，菲涅耳和托马斯·杨（特别是后者）才无可争辩地展示了"光的干涉现象"是"光的波动性"而不是"光的微粒说"。

牛顿在《光学》的第三篇，也就是最后一篇，谈到了衍射和双折射的实验。他做了十多个衍射实验，包括将光照在头发丝上、刀片上、尖劈形单缝上形成的单色窄光束光带等。关于光，牛顿做了如此多的实验，并已经走到了重大发现的大门口，却最终失之交臂。

这个重大发现是什么呢？我们先卖个关子，先来介绍一下惠更斯。他是牛顿后来的最大竞争对手。

淼叔说科学家：他们影响了人类文明

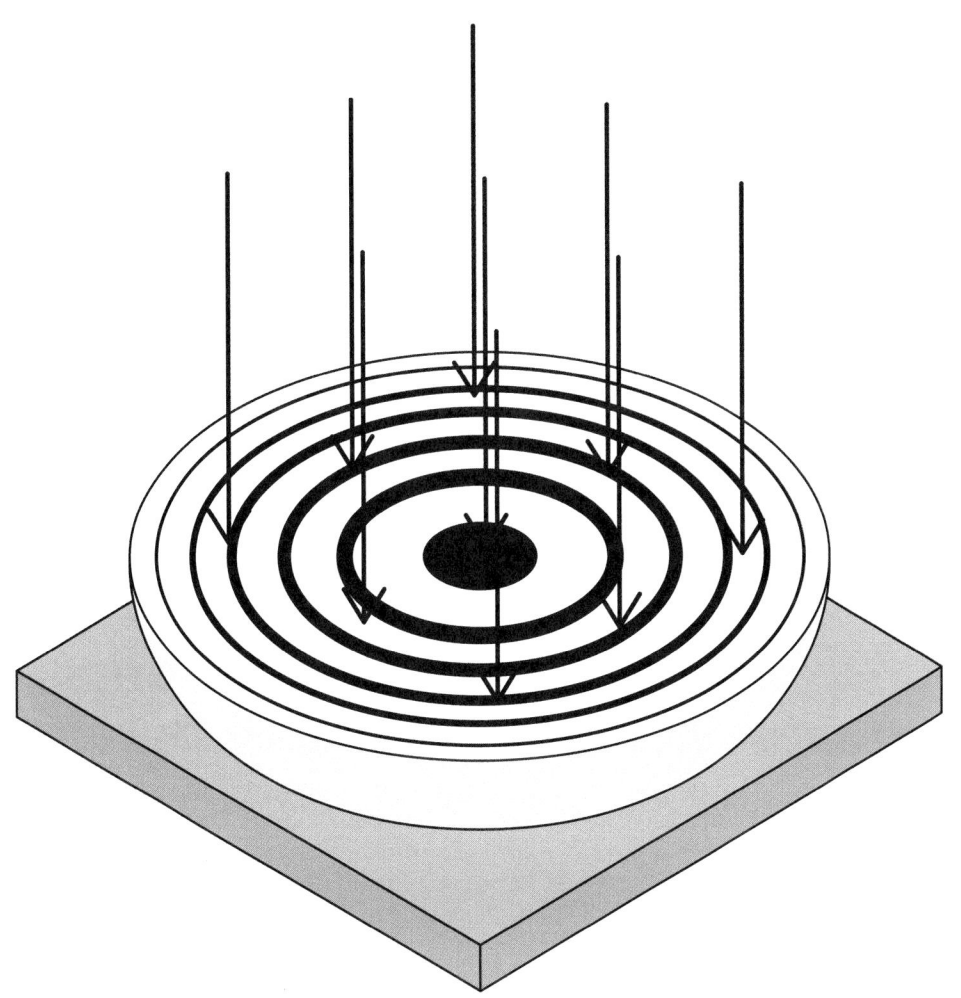

· 牛顿环实验

惠更斯是荷兰物理学家，年龄比牛顿大14岁。他于1629年4月14号出生于荷兰海牙，并最终在海牙去世。活的时间比牛顿短一点，去世时大约66岁。与牛顿一样，惠更斯研究的领域也非常宽泛，除了物理学，还研究天文学以及数学。

惠更斯是一名伟大的物理学家，是介于伽利略和牛顿之间的一位重要的物理学先驱。他对力学、光学的研究都有卓越的贡献，甚至提出了动量守恒定律。这个动量守恒定律和牛顿的第三定律正好是一致的。

惠更斯很小的时候就非常聪明，是个神童。13岁的时候就自制了一台车床，表现出了很强的动手能力。

1645年，16岁的惠更斯（那个时候牛顿只有2岁）进入莱顿大学学习法律和数学，在阿基米德、笛卡儿这些科学家的经典著作的影响下，致力于力学、光学、天文学以及数学的研究。

他甚至还发明了摆钟。尽管伽利略是第一个观察钟摆的周期性（钟摆的周期性跟钟摆的长度有关，跟钟摆摆幅和重量无关）的人，但惠更斯是第一个把钟摆原理应用于制造摆钟（下面有摆锤的钟）的人，这个发明非常了不起。

在巴黎工作期间，惠更斯致力于光学研究。1678年，他在法国科学院的公开演讲中反对了牛顿的"光的微粒说"。他提出，如果光是微粒的，那么光在交叉时就会发生碰撞而改变方向，但实际现象表明，两束光交叉的时候会非常自然地通过。于是惠更斯提出，这种"光直接互相通过"的现象，可以用光波来解释。这就像我们在水里面扔两颗石子，那两颗石子产生的水波，可以互相穿过；尽管它们会发生干涉现象，但不会改变波的行进方向。

惠更斯在1690年出版了《光论》，比牛顿的《光学》要早出版了十几年。他在这本书里面正式提出了"光的波动说"，建立了著名的惠更斯原理。

　　这条原理适合一切波动。具体内容为，当波传播到某一点并接着向下传播时，它会向这一点的所有方向都传播；而如果我们考虑波动的强度，它就等于所有以前的各个点上的波向这个点上汇聚的总和。

　　惠更斯原理其实是叠加的原理，即在某个地方，如果有两束波，它的波峰和波峰相加，那会使得这个波峰更高；如果波峰和波谷相加，则会互相抵消；如果波谷和波谷相加，会使得波谷变得更深。这样的一个原理可以现成地解释光的衍射现象和光的干涉现象。

　　什么叫光的衍射现象？当光向前传播，遇到一个障碍物的时候，它会绕开，然后在前方形成一个衍射的斑。比如说，我们把一束激光打到一张纸的边缘，你就会在墙上看到一个衍射图样（产生明暗条纹

· 惠更斯原理

·波具有衍射现象，遇到障碍物时不会像粒子一样被阻隔，而是会绕着障碍物继续传播。水波和光波都是如此。

或光环）。而如果按照牛顿的"微粒说"推断，实验结果应是一个暗的区域和一个明亮的区域。

后来托马斯·杨在1801年又做了光的干涉实验。牛顿也曾尝试做过干涉实验，但他没有完全成功。这也是我们前面说的牛顿错过的一个更加重要的发现—即光具有波动性。

按照干涉实验，如果光通过了两个小缝，它在后面的屏幕上会形成明暗相间的条纹。但要注意的是，这个实验不能用白光做，必须用单色的光，因为只有用单色的光会出现明暗相间的条纹，不同波长的单色光出现条纹的宽度不一样。

托马斯·杨用光的干涉实验成功地证明了"光的波动学说"，从而基本上结束了牛顿的"微粒说"理论。

最后再来讲讲和牛顿有关的一个物理现象，叫作牛顿冷却定律。

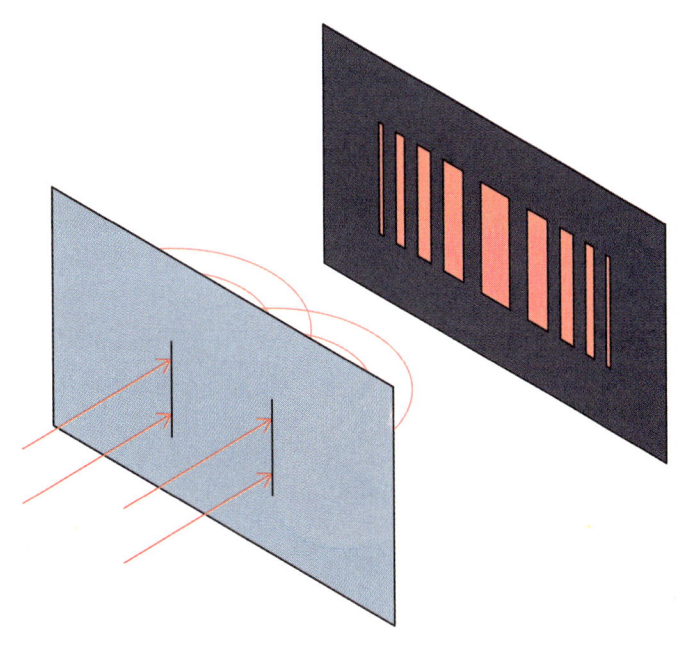

· 光的干涉实验

　　什么是牛顿冷却定律？我们假定一个物体的表面形状和体积都不变，然后把这个物体放在周围的环境中，如果这个物体的温度比周围的环境温度要高，那么这个物体就会冷却。物体冷却的速度是跟物体和周围环境的温度之差成正比，这个正比系数有赖于这个物体的形状、表面积以及与外部环境接触面积的大小。

　　牛顿冷却定律也符合热力学第二定律，也就是热量总是从温度高的地方向温度低的地方传导。比如，把一个结冰的杯子放到温度比较高的地方去，我们会看到温度比较高的地方的热量反而被它吸走，而不会看到这杯凉水的温度越来越低。相反它的温度会越来越高，因为它周围环境的温度比它高，所以热量应当向它流动。

　　热力学第二定律告诉我们，这是必然的现象。所以，在现实生活中，不可能像《哈利·波特》里出现的那样，魔棒一指，将本来温度高的水瞬间结冰。热量在魔棒指挥下向温度高的地方传播，这就违反了热力学定律。

热力学第二定律还有很多其他的有趣现象。除了热传导现象外，还有热扩散现象。滴一滴墨水到装有水的水杯里，会发现墨水的分子会慢慢地向整个杯子里漫开，这也符合热力学第二定律。也就是说，一个浓度比较高的区域会向浓度比较低的地方扩散。我们不可能看到一滴墨水在水里散开后，再突然集中，变成一滴浓缩的墨水。

日常生活中和热力学第二定律有关的现象还有很多，比如说热虹吸现象。虹吸现象是指，如果要把一桶水用水管吸走，必须把管子出水处放在比水桶位置低的地方。

而热虹吸现象是指，当我们在一个容器里面装满水时，水吸收太阳能受热膨胀，密度变小，热水就会浮到上层；而密度较大的冷水，则会到底部。然后底部受热，再度膨胀上升。这种持续的热循环运动叫作热虹吸效应，空气上升到高空变成云就是热虹吸现象。

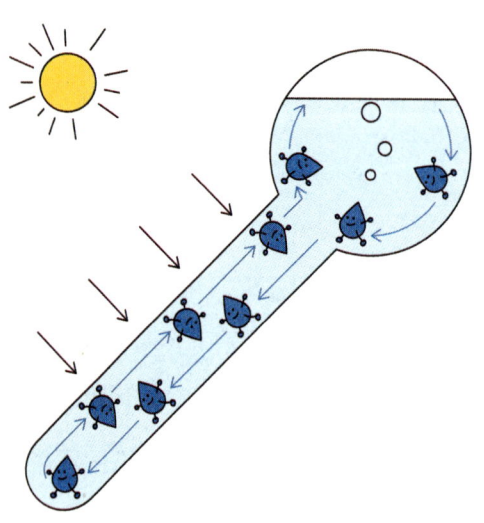

· 热虹吸现象

　　　　　　　　　　淼叔说科学家：他们影响了人类文明

另一个和热力学第二定律有关的现象就是烟囱效应，也就是利用空气的热差来实现建筑的自然通风，其原理也同样和前面提到的热空气上升有关。通过在建筑上部设排风口，就可将污浊的热空气从室内排出，而室外新鲜的冷空气则从建筑底部被吸入。

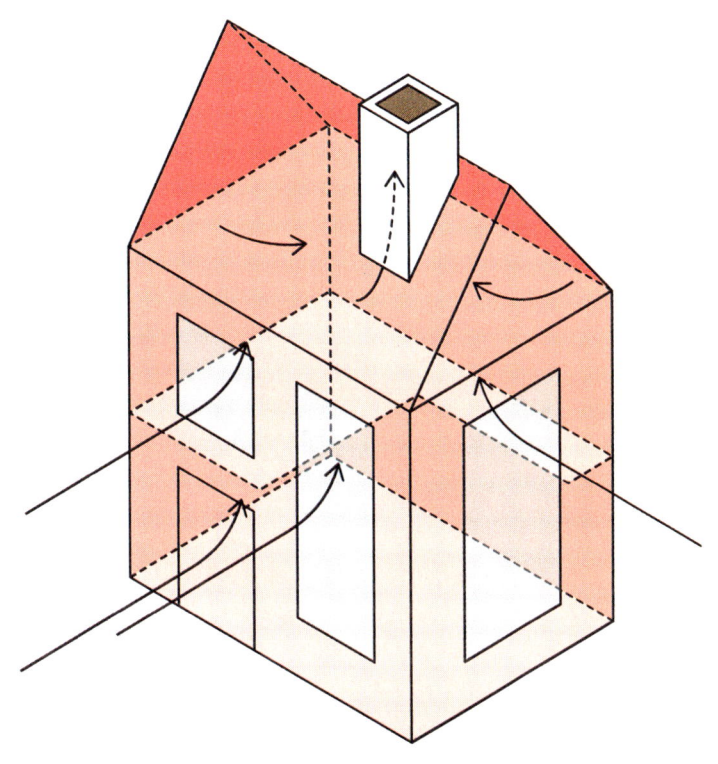

· 烟囱效应

牛顿冷却定律和热力学第二定律的区别是，热力学第二定律是一条普遍的定律，而牛顿的冷却定律则是定量的定律。

一般来说，一个物体如果体积固定，那么它表面积最小的样子是球状，这个时候物体的冷却速度最慢，因为它的表面积和周围的环境接触最小。我们知道热传导通常是通过表面散热来传导。

如果把这个物体的体积固定不变，而让表面积增大，通常需要把物体压成一个非常扁的形状。而当球状的东西被压扁了，这个时候该物体散热的方式就很多，因为它和周围环境的接触面积变得很大，冷却的速度就会相应变快。热核反应堆就运用了这样的原理，如果它和海水的接触面积比较大，那冷却速度就非常快。

我们还可以人为地增加这个速度。比如说，如果感到很热，但是又没有空调，不能人为地让环境温度更低，那这个时候可以扇扇子，制造空气的对流，这样可以增加散热的速度。

但是牛顿的冷却定律也具有一定的争议。根据定律，如果给定一个物体的形状和体积，它和周围环境接触的面积不变的话，该物体降温的速度就只跟它与周围环境的温差有关。当它开始降温的时候，由于温差越来越小，降温的速度也会越来越慢。

一般来讲，要把这个物体的温度降下来，它本来的温度就越低越好。比如说，我们分别把 50 摄氏度和 100 摄氏度的水放到冰箱里，在达到冰箱温度前，50 摄氏度的水会比 100 摄氏度的水更冷。即使两杯水的温度差距会越来越小，但是总的来说，50 摄氏度的水仍然会先达到特定温度。

这个时候，就不得不提 20 世纪 60 年代，有一个非洲坦桑尼亚的中学生观察到的一个现象，叫作姆潘巴现象，这个现象打破了牛顿冷却定律。而且直到现在，物理学界对它的解释还不一致。

1963 年，中学三年级的姆潘巴和同学一起做冰激凌。他们把生牛奶先煮开了，然后往里面放入糖，等它慢慢冷却以后再倒入冰格中，并把这个冰格放到冰箱里冷冻。有一天，姆潘巴发现冰箱冷冻室里面放冰格的空位已经剩下不多了，为了抢占剩下的冰箱空位，姆潘巴只得着急地把还没有冷却的牛奶倒入冰格，并放入冰箱。

过了一个半小时，姆潘巴把冰箱打开了，然后他看到了一个让他非常惊讶的现象。自己放入的热牛奶已经结成冰了，而比他早放进去的其他同学的冷牛奶却还是很稠的液体，尚未结冰。

根据牛顿的冷却定律，冷牛奶应当比热牛奶的结冰速度更快才对。但事实怎么会颠倒过来？姆潘巴完全不能理解这个现象，他请教了物理学老师。老师觉得这个问题太荒唐了，嘲讽他说："那你干脆把这个现象叫作姆潘巴现象吧。"

姆潘巴并没有被讽刺到，他再次请教了达累斯萨拉姆大学的物理系系主任——玻恩。玻恩博士并没有轻视这个现象，而是回去按照姆潘巴的说法去做了实验。他也发现了，不光是热牛奶，即使用水做实验，有时候也是比较热的热水先结冰。

当然，现在的物理学界已经对姆潘巴现象存在许多解释了，而且我觉得，有些解释能够让我们看出牛顿冷却定律的漏洞。

解释之一，因为不同温度的水的膨胀系数不一样。高于 4 摄氏度的时候，温度越高，它的密度越小；可是低于 4 摄氏度的时候，温度越低，它反而也会膨胀。所以水的热胀冷缩现象到了温度在 4 摄氏度之下的时候会改变。

解释之二，就是热牛奶会蒸发，蒸发之后水质量会变少，体积也变小，就破坏了牛顿冷却定律的应用条件——体积不变、表面积不变。

解释之三，牛顿冷却定律是一个近似定律，也就是说当快速冷却的时候，牛顿的冷却定律也不对。当然我们不知道姆潘巴的实验是否满足快速冷冻的条件，因为他毕竟是在一个半小时之后才打开冰箱来看。

不管如何，姆潘巴现象确实是日常生活里面不大容易碰到的现象。

四、冯·格里克：
最会搞发明的市长

　　资产阶级革命时期出了不少优秀的科学家。前面章节我们介绍过了意大利人、波兰人、奥地利人还有英国人，这一节要介绍的是一位德国物理学家。

　　17 世纪的西方，在政治、经济、文化各方面，德国都相对落后于英国、荷兰这些先进的国家，但 17 世纪的德国还是出现了一些了不起的科学家，比如本节要说的冯·格里克。冯·格里克除了是物理学家之外还是一位政治家。他出生于 17 世纪的初期，也就是 1602 年，全名叫作奥托·冯·格里克。

　　在德国，中间名有一个"冯"的通常是贵族，冯·格里克也不例外。他出生于德国东部城市马德堡的一个贵族家庭，15 岁的时候进入莱布尼兹大学学习法律，可是他真正感兴趣的是科学实验以及数学。他在校学习了 5 年，20 岁毕业以后，又先后去了英国和法国这两个地方留学，一直到 23 岁才回到出生地马德堡。

16、17 世纪的欧洲处于战乱之中。1631 年，神圣罗马帝国的军队突袭马德堡，城市被焚烧，史称"马德堡洗劫"。1648 年，威斯特伐利亚和约规定，马德堡并入勃兰登堡—普鲁士。

在这样混乱的国际关系中，从政的冯·格里克曾被抓进监狱，后来被人担保才得以出狱。当德国在瑞典的帮助下最后收回马德堡市的时候，冯·格里克已经 44 岁了。由于他从政期间开展桥梁、军事要塞等基建工作，贡献巨大，因此在马德堡市被收回德国后，冯·格里克被推选为该市市长。

下面就谈谈他对科学的主要贡献。冯·格里克在物理学领域最出名的成就，是他做了一个关于大气压的实验—马德堡半球实验。马德堡半球实验留名青史，现在在中学物理课本中都可以看到。

今天看来，大气有压强是一个常识。大气的压强和水的压强很相似，人们潜水时不能潜太深，因为潜得越深，水的压力就越大。个中缘故，是由于水有重量，水中的物体必须以越来越大的压力来抵消水的重量，才能在水中处于一个平衡状态。可是古代的人们并不清楚空气也有重量，所以他们并不觉得有大气压存在。

我们在日常生活中好像感觉不到空气有压力，但其实空气的压力很大。人类最早发明的气压计是水银制品，它的发明者叫托里拆利。一个大气压非常大，可以把水银支撑 76 厘米高。

这么大的气压，人体为什么感觉不到呢？原因很简单，身体里面、细胞里面也有压强。身体里面每一个细胞，外面的压强和里面的压强都是平衡的，所以细胞不至于被大气压压碎，身体当然也感觉不到大气压的作用。所以，大气压强明明大到可以把水银支撑 76 厘米高，而我们生活在空气里面却似乎感觉不到大气压的存在。

· 冯·格里克

　　水银气压计发明之前，人们主要受到亚里士多德的影响，普遍不觉得存在大气压。亚里士多德说，火和空气没有重量，而伽利略开始对这种说法表示怀疑，认为不能相信亚里士多德的观点。

　　伽利略的想法是，物体的重量是由它的密度所决定，而空气确实有一个不等于零的密度，所以空气应该也有重量。托里拆利非常赞同伽利略关于空气有重量的说法—大气层很高，所以到了地面，它的压强一定很大。

　　到了1641年，有人用10多米长的枪管做成了一个真空实验，托里拆利受到这个实验的启发，想到用较大密度的海水、蜂蜜或水银做实验，并最终选择了水银。

　　他将一根长度大约是1米的玻璃管灌满水银，先用手指顶住这个管口，将其倒插进装有水银的水银槽里。放开手指后，可以看到管内部顶上的水银已下落，留出了空间，而下面的部分则仍充满水银，这就是大气压的影响。

可那时候很多人还是不相信托里拆利，不相信大气压的存在。于是为了支持托里拆利，冯·格里克就做了著名的马德堡半球实验。

冯·格里克和他的助手用黄铜制作了两个半径约18厘米的半球，并筹划了一场大型实验，他们请了许多人到市郊去观看实验的过程。当时冯·格里克还是马德堡的市长，可想而知，场面非常热闹。

冯·格里克让助手把两个黄铜半球壳中的边缘部分垫上橡皮圈，把两个半球壳灌满水并合在一起，再慢慢地把里面的水全部抽出，使球内形成真空。冯·格里克一挥手，4名马夫牵来8匹高头大马，分成两拨，分别从两个方向来拉开这两个合在一起的半球。

广场上的居民们纷纷加油喝彩，但这个合成球就是拉不开。这时冯·格里克下令，两边的人马都加倍。最后两边都分别用了8匹马，才"嘣"的一声把两个半球拉开了。冯·格里克以此来向市民们证明，大气压强是存在的，而且它的力量很大。

其实，在马德堡半球实验之前，冯·格里克还做过其他的实验。他在装葡萄酒的木桶里面装满水，然后用黄铜做的泵把水抽到另一只桶里。被抽水的木桶被密封起来，只有一个带有活塞的抽水管口。

接着，冯·格里克让三名强壮有力的助手拉动活塞，慢慢地把桶内的水抽出来，然后突然听到"哗"的一声响，桶里的水开始剧烈地沸腾。这是因为把水抽走的时候，里面的空气越来越稀薄，变成真空了；由于大气压强突然变小，所以水开始沸腾。这说明大气压确实存在。

现在若是想再做一次测试大气压的实验，没有必要像冯·格里克一样兴师动众，可以做个简单的实验。拿一个瓶子，瓶子的口比鸡蛋略微小一点。接着拿打火机点燃一张纸扔到瓶子里，并迅速把剥了皮的鸡蛋放到瓶口。

由于扔进去的燃烧的纸把瓶子里面的空气加热了，空气就开始膨胀。瓶内的压强其实本来跟外面一样大，但空气膨胀，密度变小。随着空气开始冷却，根据我们前面介绍过的理想气体状态方程，它的压强势必要变小，于是外面的大气压强就把鸡蛋给挤进去了。

根据不断的实验和发现，冯·格里克在1663年写了一本著作——《论真空》。在17—18世纪，出版书籍不是件容易的事，这本著作一直到1672年才出版。

冯·格里克的另外一项重大贡献是发明了最早运用摩擦起电的起电机。17世纪初，科学家们开始系统地对电进行研究，一开始的研究仅限于静电方面。

静电是一种自然物理现象，和流动的电荷相对应。静止的、不流动的电荷聚集在某个物体表面，就形成了静电。比如天气干燥时，毛衣上时常会有静电；用玻璃棒在纸上擦一擦也会起电。但这些手动摩擦起电得到的静电远远不足以投入工业使用。

冯·格里克想到了制作起电机。他在实验室摆弄仪器的时候，发现手碰到琥珀会产

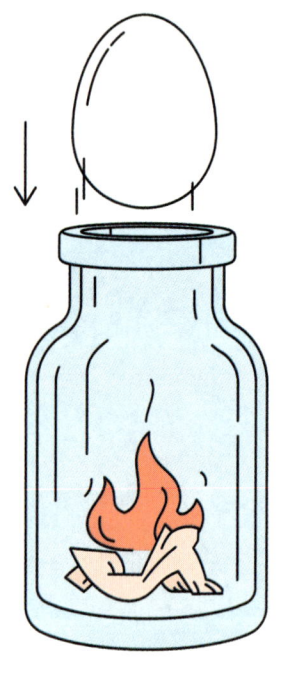

· 鸡蛋实验

生细微的"噼里啪啦"的声音。他就想到，琥珀可以作为起电机的电源器材料。但琥珀非常贵，于是他想寻找功能相似的替代品，最终找到了硫黄。

冯·格里克发明的第一台起电机还只是手摇式，用手柄带动硫黄球迅速转动，再用人手或者皮革与硫黄球接触，从而摩擦起电。冯·格里克发明的摩擦起电机引起了社会各界的广泛关注，无论是王公贵族、政府官员还是学生，都很喜欢看冯·格里克起电机进行的实验。后来冯·格里克还尝试用玻璃球来取代硫黄球。

几十年后，苏格兰物理学家戈登发明了圆柱体起电机，英国物理学家维姆胡斯发明了圆盘式静电感应起电机，这两项发明都是冯·格里克起电机的升级版。可以说，冯·格里克就是起电机发明的奠基者。

五、伯努利家族：
名副其实的科学第一世家

本章最后，我们来介绍一下在瑞士非常有名的商人和学者家族—伯努利家族。

伯努利家族的强大科学基因十分罕见。在全世界也有其他几个科学家族，例如居里夫妇和小居里夫妇，汤姆逊父子，但是他们与伯努利家族一比，实在是相形见绌。至今为止，出身于伯努利家族的艺术家和科学家多达 120 多位。

1583 年，莱昂·伯努利出生于比利时的安特卫普。后来为了避免宗教迫害，莱昂·伯努利接连迁居到德国的法兰克福和瑞士的巴塞尔，并最终在巴塞尔定居。1623 年，老尼古拉·伯努利出生于巴塞尔，他从小受到非常好的教育，伯努利家族正是从他这一代开始走向了鼎盛。

老尼古拉在当地司法部门做法官，他有三个儿子，长子叫雅各布，次子叫小尼古拉，第三个儿子叫约翰，这三个儿子后来都成了世界著名的数学家，奠定了伯努利家族百年家业的基石。

雅各布·伯努利于 1654 年 12 月生于巴塞尔。他在上大学的时候拿了两个硕士学位，一个是艺术，一个是神学。今天看起来似乎毫不相关，但在当时这其实都是相通的学科。而他真正的成就并不在艺术和神学领域，而是在数学领域。

雅各布不是数学专业出身，数学知识几乎都是自学。成年以后，他前往瑞士之外的其他国家旅行，并由此认识了莱布尼茨和惠更斯。分别后，他跟莱布尼茨保持了频繁的联系，从莱布尼茨那里学到了很多关于微积分的知识。

1687 年，雅各布回到了瑞士，凭借自己的数学知识积累和研究能力说服了面试官，当上了巴塞尔大学的数学教授，主要教授实验物理和数学。

雅各布在概率论、微分方程、无穷级数求和、变分法、解析几何等很多方面都有贡献。其中最有名的是悬链曲线问题：如果把一条柔软的重绳索两端悬挂起来，链子受到重力，这根曲线会呈现出什么形状？第一个解出来这个问题的人正是雅各布。

我们再看看老尼古拉的第二个儿子小尼古拉，他的事迹记载相对于其他两位兄弟要少很多，但在当时也绝对称得上是一个人物。他是瑞士第四大城市伯尔尼的第一位法律学教授。教授法律学一段时间之后，他也和两位兄弟一样转行进行数学研究，并成了俄国最早的科学研究机构—彼得堡科学院中数学界的一员。

老尼古拉的第三个儿子，约翰·伯努利，比长兄雅各布小十几岁，却有着可以和哥哥相媲美的科研成就。约翰于 1667 年出生于巴塞尔。他和长兄雅各布一样倔强叛逆，不肯听从父亲的意愿去学习法律或经商。

哥哥雅各布学习了艺术专业，而约翰则选择了医学专业，最后他获得医学博士学位的论文是有关人体肌肉的分析。他在业余时间也一直和哥哥一起研究数学。1695 年，刚取得医学博士学位的约翰前往荷兰格罗宁根大学做了数学教授。

约翰的数学成果比雅各布还要多。除了兄弟俩联手解决的悬链曲线问题，他还提出了洛必达法则、最速降线和测地线问题，给出了求积分的变量替换法，还研究了弦振动问题。他著有一本《积分学教程》，于 1742 年出版。

此外，约翰一生和其他学者讨论学术问题的往来信件超过 2000封。他也培养了一大批出色的数学家，其中包括 18 世纪最著名的数学家欧拉、瑞士数学家克莱姆、法国数学家洛必达，以及他自己的儿子丹尼尔和尼古拉二世等。

接下来就来谈谈约翰的儿子丹尼尔。他是约翰的次子，因为父亲约翰在荷兰格罗宁根大学任教，所以他出生在荷兰的格罗宁根。

和父亲一样，他也是先学习医学，但是 21 岁就获得了医学博士的学位，比他父亲拿到医学博士学位时的年纪更小。在家族的熏陶之下，他对数学也很感兴趣，并且成了伯努利家族到目前为止成就最大的数学家。

他在 24 岁的时候就发表了《数学练习》，并因为这篇论文获得了俄国彼得堡科学院的关注，受聘去往科学院工作。33 岁的时候，他回到出生地，继续当大学教授，但教授的不是数学了，而是植物学、解剖学和自然哲学。尽管他在数学方面的贡献最大，但他的物理学成就也举世闻名。

丹尼尔在 38 岁的时候出版了一本经典著作《流体动力学》，也就是伯努利原理。这个原理看起来不太为大众所知，但小时候你一定问过飞机为什么可以飞，这一点就可以用伯努利原理来解释。

伯努利原理指的是，在一个流体系统中，流速越快，流体产生的压力就越小。例如，飞机机翼的设计就符合这个规律，机翼的上表面是曲面，形成了一个气流相对窄小的通道，下表面则是一个平面。

空气划过上表面的时候，走的路程比经过下表面更长，但又要同时在机翼后面形成空气的闭合。因此，相对于下表面，气流在飞机机翼的上表面的流速更快，受到的压力更小。这样一来，巨大的压力差就可以将飞机从下方托起来，令它飞上天空了。

不过，这说的是现代的喷气式飞机，而不是以前的螺旋桨飞机，它们的原理不一样。当然现在飞机的飞行原理要比我们讲的伯努利原

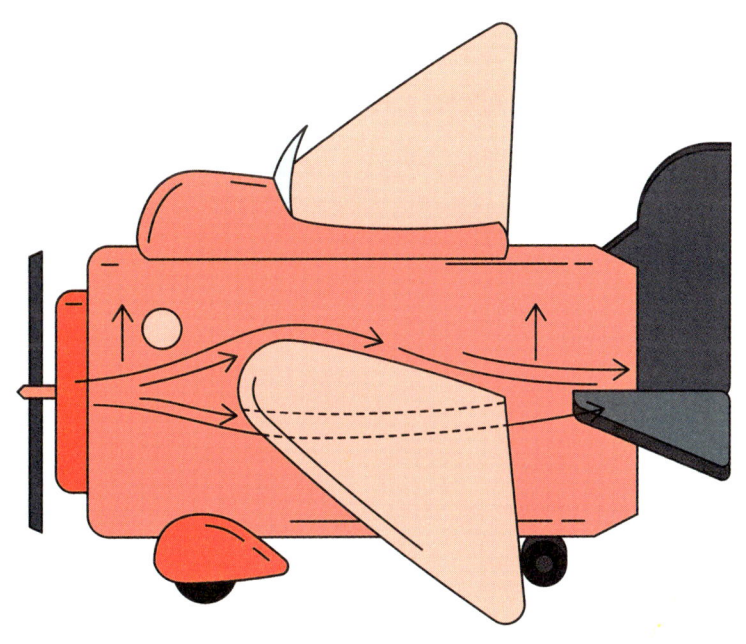

· 飞机机翼的上表面和下表面流速不同

理更加复杂，但是基本原理就是如此。

伯努利原理还有很多其他应用。比如说，运动员打乒乓球时会拉弧线球。弧线球以不同的方式旋转时，球面各个方面受的压强不一样，这样一来它飞行的路径就不一样。

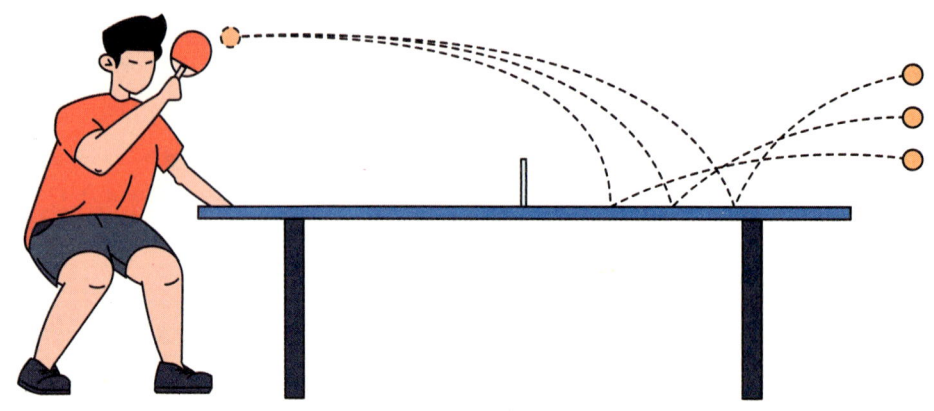

· 弧线球

除此之外，我们知道踢足球的贝克汉姆非常擅长踢定位球。他最著名的脚法是香蕉球，当足球飞起来的时候，划出的是一条弧线。这条弧线不是我们通常说的抛物线，而是在飞到球门前的时候极速下落，这是什么原理呢？

这也跟打乒乓球时拉弧线球一样，当贝克汉姆的脚尖触及足球，足球飞出的同时，他还给足球一个旋转的方向。而这个旋转方向的讲究，就会使足球在飞行过程中的飞行速度和转动速度有一个相交不同的角度，从而导致足球的下落方向不一样。

只要控制球的旋转角度能恰到好处地到达球门前，由于足球下面的空气流动速度比足球上方空气流动的速度快很多，球就会突然间感受到一个下沉的力量，从而快速下落。这其实也可以用伯努利原理来

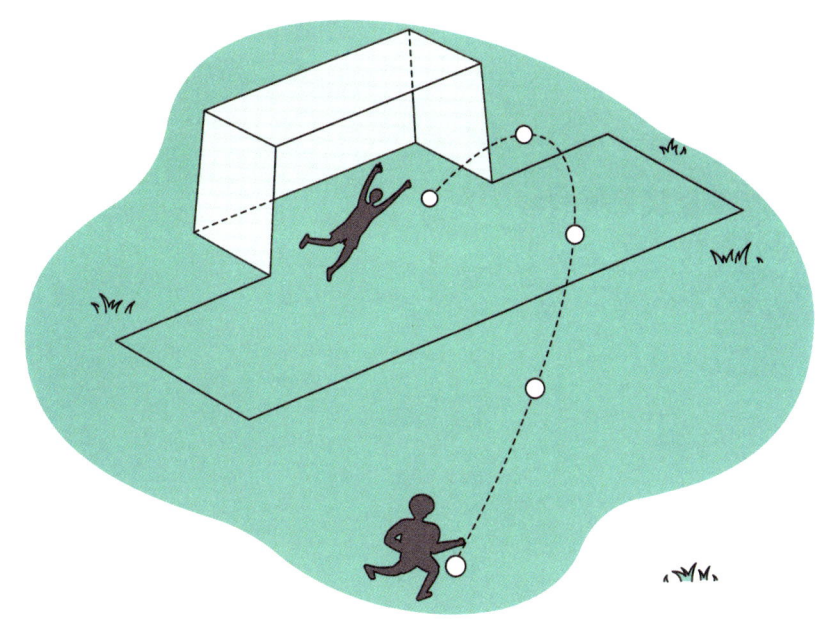

· 香蕉球

解释。

　　我们也可以用一个小实验来验证伯努利原理。拿出一张纸，然后在纸的上面吹一口气，你会发现什么？纸向上飞起来了。为什么？空气在纸上方速度不等于零，而纸下方的空气速度等于零，这样就产生了一个压强差，让纸被托了起来。

　　除了伯努利原理，丹尼尔·伯努利还有其他的贡献。他还系统地研究了流体力学，特别是理想流体。理想流体的意思是，有一种流体，不管它怎么流动，密度都不变，这也就意味着它的体积不变—水正是接近于理想流体的物质。

　　理想流体还有一个特点就是没有黏滞性，但现实中，没有黏滞性的流体实际上并不存在。比如说，我们经常看到水在河里流，但是到了岸边，水的流速基本等于 0m/s，正是因为流动的河水具有黏滞性。

除了以上几位，伯努利家族还产生了其他伟大的数学家。而伯努利家族的数学家又培育了下一代学生，例如非常有名的数学家欧拉，欧拉后来又继续影响了更多的数学家。

　　我们或许不能把伯努利家族的每一位成员都说成数学史上最伟大的数学家，但是这个家族确实是数学史上最伟大的家族。

第 4 章
当代物理学发端

物理学史上最伟大的两个人，一个是牛顿，另一个就是爱因斯坦。爱因斯坦做出了哪些贡献呢？相对论又是什么？原子学说是如何发展的？道尔顿眼中的原子存在哪些特征呢？

一、爱因斯坦：
物理学的金字塔顶端

· 爱因斯坦

即使将整个物理学史都算上，爱因斯坦也是位于金字塔顶端的男人，唯一可以和他比肩的大概只有牛顿了。爱因斯坦对物理学的贡献非常多，我们主要通过光电效应、相对论和布朗运动来了解他。

说到光电效应，首先要明确一下，爱因斯坦获得 1921 年诺贝尔奖是因为解释了光电效应，而不是发现了光电效应。德国物理学家赫兹在 1887 年就发现了光电效应，只是物理学界一直没能对此给出合理的解释，直到爱因斯坦的研究公布之后，才有了为大家所接受的解释。

光电效应是什么意思？比如说，用一束可见光照射到金属板上，如果可见光是红光，金属板上不会有电子被打出来；如果换成频率比红光更高的光，就会有电子被打出来。这是什么原因呢？

爱因斯坦是第一个解释这个现象的人。1905年，爱因斯坦提出光子假说，从而解释了光电效应。他假定光是由光子所构成，如果每一颗光子都携带能量，那么当光照射金属板的时候，原子外层的电子就可以接收一个光子。

这个时候，如果光子的能量比电子飞出原子所需要的能量更大，那么电子就被打出来了；如果光子比这个电子飞出原子所需要的能量小，尽管此时电子可能吸收光子，但是它无法跑出来，还在原子里

面。这个是一个非常简单的原理，但是只有到了爱因斯坦这里，才真正得到解释。

光电效应还有一个最重要的现象：如果光的频率不够，则无论光强有多大，电子都打不出。相反，如果频率足够高，无论光强多么弱，都有可能将电子打出，只不过发出的电流要小一点。爱因斯坦用光子的概念完美地解释了这一关联效应。

他还提出了一个公式，一个光子所携带的能量与光的频率成正比，这个正比的常数就是普朗克常数。爱因斯坦还提出了另外一个公式，指出光子不但携带能量，还携带动量，光子的动量与光的波长成反比，也即与光的频率成正比。

在爱因斯坦的相对论里，光的能量和光的动量只差一个常数，这个常数就是光速。光电效应要发生，光的波长需要小于某一个临界值，而这个临界值取决于金属材料的种类。所以当我们想利用光电效应的时候，就要选择一种恰当的金属。

光电效应也可以分为不同类型，我们来详细介绍光电效应的其中一种类型—外光电效应，又称光电发射。外光电效应指的是由于光子的作用引发物质电化学性质的变化，导致从物体表面逸出更多的电子。

外光电效应可以被用来制作一些器件，比如光电倍增管。当它接收到一个光子，可以利用光电效应，逐步地产生更多的光和更多的电子。光电倍增管经常被用来探测非常微弱的光，有时候大亚湾核电站做中微子实验的时候就会用到它。

接下来必须要介绍一下相对论，爱因斯坦的相对论的提出也是在1905年，这一年被称为"爱因斯坦奇迹年"。相对论最初只包括狭义相对论，涉及除万有引力之外的所有的物理学。

狭义相对论中一个最基本的假定是光速的恒定不变。我们都知道，速度可以相加，比如你坐在高铁里，高铁行驶的速度是每秒 20 米。你沿高铁行进的方向以每秒 1 米的速度走路，那么在地面上看来，你的行进速度其实就是高铁的速度加上你在高铁里面运动的速度，也就是每秒 21 米。

但如果你在高铁里打开一只手电筒，光就在高铁里面跑，你测量的光的速度是每秒 30 万千米。然后你站在高铁之外的地面上再测量，光的速度还是每秒 30 万千米，不会与高铁的速度相加，这就是光速不变原理。这一开始是爱因斯坦的假想试验，后来很多实验都验证了光速确实不变。

光速不变导致的逻辑后果有很多，第一个最重要的逻辑后果就是时间的改变。时间跟你的参照系有关，假定把一只手表放在高铁上面，并假定高铁的速度接近光速，为每秒 25 万千米。我们会发现，地面上时钟的秒针走一圈的时候，随着高铁运动的手表秒针还没有走完一圈，也就是说，这只表变慢了。

表变慢的效应就衍生出了双生子佯谬。假定有一对双生子，其中一位乘着飞船飞出地球，飞船的速度接近光速，他在宇宙中旅行几圈回到地球，会发现一直生活在地球上的同胞兄弟比他老了很多。假定以超光速运动，理论上可以用这种方式回到过去，也就是穿越。

在爱因斯坦的狭义相对论被证实之后，过了 10 年，他又提出了广义相对论。这是更加了不起的理论，可以被用来研究宇宙学、研究黑洞，爱因斯坦还基于广义相对论预言了引力波。

最后要提及的是布朗运动。1905 年，爱因斯坦除了解释光电效应、发表狭义相对论之外，还有一个令他的名声永垂不朽的研究，那

就是布朗运动。有很长的一阵子，关于布朗运动的论文在爱因斯坦所有论文里引用率最高，因为这种理论不仅在所有其他科学领域具有价值，且在日常生活里面也有很多重要的应用。

什么是布朗运动呢？英国有一位植物学家叫作罗伯特·布朗，他在19世纪上半叶有两个重大发现，一个是细胞核的发现，还有一个就是发现了布朗运动。布朗通过观察悬浮着花粉颗粒的水溶液，注意到花粉在其中不停地做着无规则的运动。

通过进一步的实验，布朗发现，不仅是花粉颗粒，其他悬浮在流体里面的微小颗粒也表现出这种无规则的运动。颗粒的无规则运动就像一个醉汉喝醉了酒，不知东南西北，只知道向外面走出去，而且他离开原来的站立点的距离与离开所用的时间不成正比，而是与时间的开方成正比。后人就把这种微小的粒子在液体或气体里的无规则运动称为"布朗运动"。

起初人们不了解这种物理运动的原理。到了 1877 年，有人指出来，其实这是因为颗粒在液体或者流体、气体里受到了更加微小的粒子碰撞。后来我们知道了，这种更加微小的粒子就是分子和原子。

1904 年，法国一名科学家进一步解释，当一个比较大的物体，在各个方向都受到更小颗粒的撞击时，这种撞击并不规则。有的时候左边多一点，有的时候右边多一点。左边多一点的时候，物体就被推着向右走；如果右边多一点，它就被推着向左走。这是一个概率论的问题，但是人们还不知道如何计算布朗运动。

1905 年，爱因斯坦发表了一篇重要的论文，他假定，如果液体是分子或原子所构成，那么布朗运动就是由微小的颗粒互相撞击造成的，而且他还计算了颗粒如何运动。1906 年，波兰一名物理学家斯莫卢霍夫斯基也发表了非常类似于爱因斯坦的发现。我们可以说，他们共同用理论解释了布朗运动。

后来，法国的一名物理学家佩兰用实验精确地检验了爱因斯坦和斯莫卢霍夫斯基的假说，同时也证实了原子和分子确实存在。这对于物质结构的确认具有重要的意义。也就是说，布朗运动的理论的建立，证实了原子和分子的存在。

在这之前，只有化学家用分子原子的理论解释化学反应，主流的物理学家一直不接受这一物质结构的理论。其主要的原因就是没有分子和原子存在的证明，毕竟我们的肉眼看不到它们。我们连花粉的微粒都很难看到，分子和原子就比花粉微粒更难观察了。一直到电子显微镜的发现，才让我们可以用肉眼直观地看到分子和原子。

关于分子和原子，有一个著名的常数叫作阿伏加德罗常数，它代表的是一个单位里的分子数和原子数。阿伏加德罗首先提出一个概念，分子或原子的数量可以被计量。阿伏加德罗常数的具体数值是佩兰利用爱因斯坦解释布朗运动的理论才测出来的。

佩兰给予阿伏加德罗常数的新定义是两克氢气里面所含的分子数，他测试出来是 $6.02214082 \times 10^{23}$ 个，大约就是 6×10^{23} 个。同样，因为碳原子比氢分子重 6 倍，所以 12 克的同位素碳里面含的原子数量也正好就是阿伏加德罗常数。

布朗运动有几个特性。第一个特性就是永远不停歇，花粉微粒或者其他微粒在液体或流体里面时，永远在运动，就像永动机一样。它们受到的力是来自液体或者气体里面的分子和原子的撞击。同时热力学告诉我们，它们运动的平均动能和温度成正比。

另外一个特性是颗粒越小，运动越明显。颗粒的表面积越小，颗粒的质量也越小，那么撞击颗粒的液体分子和原子也会越少。

少量分子同时作用于小颗粒时，各个方向的分子合力不可能平衡。而且同一瞬间撞击的分子数越少，其合力就越不平衡；颗粒的质量越小，它从一个方向转到另外一个方向的加速度就越大。这样运动状态越容易改变，它的运动就越加明显。

第三个特性是温度越高，布朗运动越明显。温度越高，液体分子的运动就更加剧烈。我们前面说了，每个分子或者原子的运动动能和温度成正比。温度越高，分子运动越剧烈，同一时间来自不同方向的液体分子或者原子对颗粒的撞击力越大，它的运动状态改变得越快。

第四个特性是肉眼不可见。我们要知道，做布朗运动的固体颗粒非常小，肉眼无法看见，必须在显微镜中才能看到。

最后再谈谈布朗运动在生活里的应用。在医学领域，人们经常用爱因斯坦理论来测量医学里面遇到的不同化学物质和不同的微小颗粒，也可以用布朗运动来研究仪器的灵敏度，测量仪器中的活动部

淼叔说科学家：他们影响了人类文明

· 花粉受到分子和原子的撞击，像醉汉一样运动

分。一个仪器越准确，它的灵敏度越高，就越容易感受到气体分子里面的不平衡。

生活中的各种扩散现象也是布朗运动的放大版，比如说，我们在水里滴入有色液体，颜色就会扩散。

另外大家可能想不到，布朗运动在金融领域也有很重要的应用，我们可以把布朗运动与股票价格联系在一起。俄国数学家马尔科夫提出过一个后来被称作"马尔科夫过程"的理论——股票的价格波动就像一个醉汉的运动，它的下一步怎么走，跟以前的趋势没有任何关系。

我们也把马尔科夫过程叫作随机波动，随机波动揭示了股票市场的根本特性。该理论研究正是受到了布朗运动理论的启发，算得上是布朗运动在现代资本市场中的一例运用。

二、道尔顿：
原子论的创始人

虽然分子和原子很早就被提出，但直到布朗运动，才让物理学家得以用实验来验证它们的存在。那么原子的观点是怎么发展起来的呢？我们需要来追溯一下近代的原子学说，这可以追溯到约翰·道尔顿的原子论。

道尔顿是生活在 18 世纪到 19 世纪之间的物理学家和化学家，1766 年他出生在英国坎伯兰郡的一个纺织工人家庭。由于他出生在一个贫穷的工人家庭，就只能上教会的学校。学校的老师鲁宾逊对学生十分关爱，他见道尔顿对学习很有热情，便鼓励他随意翻阅自己收集的各种期刊和书籍。就这样，10 岁左右的道尔顿在教会学校接受了还算良好的启蒙教育。

俗话说，穷人家的孩子早当家。天资聪颖的道尔顿在 12 岁的时候就接替了教会学校一位老师的工作。但是由于没有太高的工资，他后来不得不放弃，转而回到农村务农。1781 年，在他 15 岁的时候，

淼叔说科学家：他们影响了人类文明

收到了一所正规中学邀请他前去任教的信函。

工作期间，道尔顿最大的收获不是一份足够生活的薪水，而是认识了一名盲人哲学家果夫。他们成了无话不谈的朋友。果夫是一个学识渊博的人，道尔顿在果夫的帮助下系统地学习了希腊文、拉丁文、法文、数学和自然哲学。

之后，道尔顿想多挣点钱，于是公开贴出广告，想要为大家授课，希望大家来听自己的付费课程。英国著名的物理学家焦耳就是他的学生之一。

在不断地努力之下，道尔顿收到了曼彻斯特学院的邀请，前往大学担任数学和自然哲学的教授，并成为当地文学和哲学学会的会员。他一步一个脚印，从一个贫苦的乡下孩子迈入了当时的上流社会。

道尔顿提出的原子论给化学领域带来了巨大的推动，他最主要的著作是《化学哲学的新体系》。这里主要介绍道尔顿原子学说中所提到的原子的三个主要特征。

第一个特征是，化学元素是由不可分割的微粒—也就是原子—所组成，每一种化学元素都对应着同样的原子，比如铁元素对应铁原子。他认为，在一切化学反应中，原子都是不能再分割的最小单位。

不过后来我们有了进一步的认识，在物理领域的核反应中，原子仍然可以分割；但是在化学反应里，原子是一个基本的单位。要知道，核反应的能量要远远高于化学反应的能量，是化学反应能量的百万倍。

第二个特征是，同种元素的原子性质和质量都相同，这一点前面已经提过了。原子质量是元素的基本特征之一，不同元素原子的质量和性质也各不相同。

· 元素周期表

第三个特征是，不同的元素进行化学反应的时候，原子以简单的整数来进行反应。这也就是说，一种分子跟另外一种分子发生反应的时候，产生反应的原子数量都是整数倍，产物也是整数倍。

而且，其中一种元素的质量固定时，另一种元素在各种化合物中的质量一定与前一种元素成固定的简单整数比。

接下来谈谈在道尔顿之后我们对原子的认识，首先是原子序数。

原子序数常以拉丁字母"Z"来表示，通常表示一个原子核内含有质子的数量，也就是正电荷的数量。原子序数也是元素在元素周期表里面的位置。元素的原子序数在数值上等于元素的核电荷数，同时也等于这个原子拥有的电子的数目。

再来说说原子量。原子量最早也是由道尔顿提出的。他认为，同

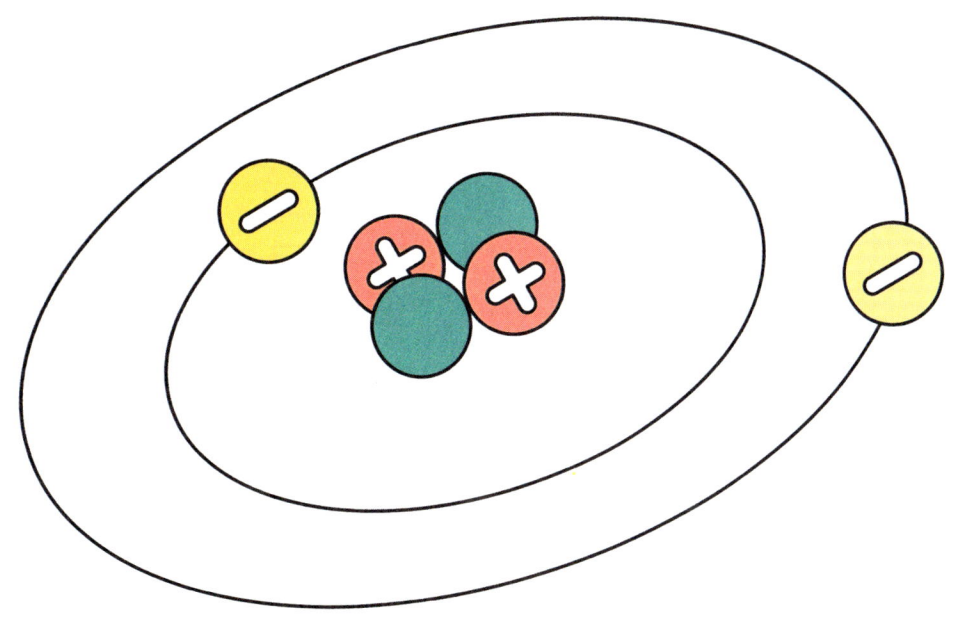

· 氦原子

一种元素的原子有相同的重量，不同元素的原子有不同的重量，我们可以把它称为"原子量"。原子量其实是原子质量的一个简称，这是一个惯用的称呼法。我们还会以"相对原子量"来代称原子质量。

1803 年，道尔顿采用氢原子量作为基本单位来核准原子量。大约 25 年之后，瑞典化学家贝采·尼乌斯改为用氧原子量的 1/100 作为基准。随后，这个用于测量原子量的基本单位又经过几次调整。

直到 1959 年在慕尼黑召开的国际纯粹与应用物理学联合会上，德国的一位科学家采用碳 12 的 1/12 的质量作为标准单位进行测量，并将这种测量方案提交到国际纯粹和应用化学联合会，后者于 1960 年接受了这个提议。1961 年，在蒙特利尔召开的国际纯粹与应用化学联合会上，这一新基准获得了正式通过。

现在最标准的对于原子量的定义，正是一个碳 12 原子质量的

1/12，差不多相当于一个质子或者一个中子的质量。不过它没有严格相等，因为原子核内部还有其他的相互作用，使得质量不是质子的整数倍。

接下来再来说说原子的结构。任何一个元素的原子都有原子核和核外的电子，原子核带正电，这些正电荷通常来自质子。而在原子核里面的中子虽然对原子量有贡献，但是对电荷不构成任何影响。

在原子核外面还跑着和质子同样数目的电子，使得整个原子中心带电。但是在原子里面，电子的质量其实差不多是原子核的两千分之一，一个质子的质量就是一个电子的质量的 2000 倍。所以，原子的质量主要来自原子核。

原子的化学性质一直要到量子物理的时代才被物理学家解释，约翰·雅各布·巴尔末是第一个发现和解释原子光谱的人。他用量子论解释了原子光谱，同时解释了原子的化学性质，也就是说，一个元素的化学性质主要是由它最外层的电子的数目所决定，而电子数目的状态是由原子核所决定。

到了量子时代，玻尔用量子论解释了原子的化学性质以及它的光谱。后来，爱因斯坦对于原子里电子的激发和发光的研究，证明一切物体的发光都跟它里面的电子性质有关，该证明同时也产生了后来很多的应用。

另外，道尔顿对其他的科学也有很多研究。他留下了许多气象学的资料，同时还是色盲症的发现者。

道尔顿天生患有色盲。小时候，有一年圣诞节，他买了一双棕灰色的袜子送给妈妈。妈妈说，这双樱桃红的袜子颜色太鲜艳了，自己这把年纪穿出去会让人笑话。道尔顿觉得很奇怪："我买的袜子不是棕灰色的吗？为什么妈妈说是樱桃红色的呢？"他于是去求证，问遍了家里的所有人，家人们说的颜色竟然还各有不同。

道尔顿没有忽视这件小事。经过认真的研究，他发现自己和弟弟对颜色的感觉和别人不一样，原来他们两兄弟都是色盲。于是他写了一篇论文，叫作《论色盲》。道尔顿虽然不是生物学家和医学家，却成了第一个发现色盲症的人。

第 5 章
"四大神兽"

物理学界有"四大神兽"的说法，分别是芝诺的乌龟、薛定谔的猫、麦克斯韦妖和拉普拉斯妖。"神兽们"又分别解决了哪些物理学问题？薛定谔的猫到底是生还是死？芝诺的乌龟有办法超越吗？

一、拉普拉斯：
全知的妖

第一只神兽是拉普拉斯妖。拉普拉斯是著名的物理学家、天文学家，也是天体力学的主要奠基人。他还研究天体演化和热化学，是概率论的创始人之一，是许多应用数学分支学科的先驱，也是能量守恒定律最早的推动者之一。

在他那个年代，法国出现了许多伟大的科学家，仅仅是物理学和数学，就有拉格朗日、达朗贝尔等人。这些人的贡献，至今都有重大的影响，包括本节的主人公拉普拉斯，也为后世留下了拉普拉斯变换、拉普拉斯方程，如今依然常常在物理学论文里出现。

拉普拉斯生于 1749 年 3 月 23 日的法国卡尔瓦多斯。他的出生并不是很高贵，父亲是一位农场场主，可以说是一位地主。

18 岁那年，他决定研究数学。带着一封推荐信去了巴黎，想要见著名科学家达朗贝尔一面。但是，达朗贝尔把他当成是一个小毛孩子，给他吃了闭门羹。不过拉普拉斯没有放弃，把一篇自己写的力学论文寄给了达朗贝尔。

达朗贝尔看了论文以后，态度发生了 180 度的大转弯，不但马上见了拉普拉斯，还主动表示要当他的教父，最后甚至把他推荐到一个军事学校去教书。而在那个军事学校里，拉普拉斯和一个矮个子的学生结下了不解之缘。这个所谓的"矮个子"就是日后威震欧洲的拿破仑将军。

拉普拉斯曾经担任过拿破仑的老师，类似于亚里士多德和亚历山大的关系。不过拿破仑并不是特别赏识拉普拉斯，觉得他在政治上格局较小，太过于见风使舵。

随着拿破仑一步步地登上法兰西权力之巅，拉普拉斯也跟着飞黄腾达起来。在拿破仑称帝的时候，他甚至被委任为法国的内政部长。可惜拉普拉斯在行政领域是一个十足的饭桶，只在内政部长的位子上干了短短 6 个星期，就被忍无可忍的拿破仑罢了官。

不过，术业有专攻，拉普拉斯的科研能力确实出类拔萃。他是牛顿力学的忠实信徒，曾说过："我们可以把宇宙现在的状态视为其过去的果以及未来的因。如果一个智者能知道某一时刻所有的力以及所有物体的运动状态，那么未来就会像过去一样出现在他的面前。"拉普拉斯口中全知全能的智者，后来被称为"拉普拉斯妖"。

这就是决定论的思维，决定论也称为机械论。在哲学的范畴里，机械论经常被认为是不好的。比如，当我们说一个人的思维太机械了，意思就是这个人的思维比较固化。

而在物理学界，机械论指的是这个人的思维是可以被预言的，当他看到一件事的时候，就会联想到相关的其他事，随后做出相应的反应，就像宏观世界中的一些物理学现象也可以被预言一样。

· 拉普拉斯妖

牛顿的物理学规律就被称为决定论。根据他的力学定律和万有引力定律，我们不但可以解释飞机、汽车、火车、太阳、月球、行星……所有物体的运行规律，还可以对物体的运动做出预测。也就是说，当我们知道了某一个物体现在的位置和速度，就能知道它在未来任何时刻的位置和速度。比如，我们可以预测某一天"太阳会在早上5点钟升起，在下午5点钟落下"。

拉普拉斯就用牛顿力学计算了太阳系中所有行星的运动，并将它们写成了一本叫《天体力学》的书，献给了当时刚刚登基的皇帝拿破仑。拿破仑看了书后问他："你这本书讲的全是天上的事，为什么一个字都没有提到上帝？"拉普拉斯回答："陛下，在我的理论里，不需要假设上帝的存在。"这本书后来成为经典天体力学的代表作。

决定论在 20 世纪以前一直是学术界的主流观点。在决定论下，世间万物就像上了发条的大钟，在能量耗尽之前，会一直按照物理学规律有条不紊地运转下去。但是，世界真的如决定论所预言的一样，一定是终极的、绝对不可改变的吗？

给出否定答案的正是量子力学。20 世纪以后，科学家发现牛顿力学其实只适用于我们日常生活的宏观世界，而微观的世界是牛顿和在他之后的物理学家没有办法想象的。为了解释这个新世界，物理学家们就不得不强迫自己冲破牛顿力学的既有概念—决定论，不断发展出了量子理论。

二、麦克斯韦：
开窗的妖

接下来说说第二只神兽—麦克斯韦妖。在麦克斯韦妖出现之前，要先讲讲麦克斯韦这个人。

麦克斯韦的全名是詹姆斯·克拉克·麦克斯韦，1831 年出生于苏格兰首府爱丁堡。他是经典电动力学的创始人，同时也是统计物理学的奠基人之一，被誉为英国历史上除了牛顿以外成就最高的物理学家。很巧的是，牛顿也是苏格兰人。

麦克斯韦在 16 岁的时候跳级进入爱丁堡大学，比普通人上大学的年龄早 2 岁。爱丁堡是苏格兰首府，爱丁堡大学也是苏格兰最好的大学。一百多年后的今天，它在世界上的知名度依然名列前茅。

小麦克斯韦在班里是个神童，是老师口中最好的学生。他在爱丁堡大学里潜心学习物理和数学。直到 1850 年，他征得了父亲的同意，离开爱丁堡，到人才济济的剑桥去求学。之后，他读书依然非常用功，毕业后直接留校任教，成为剑桥最年轻的教授之一。

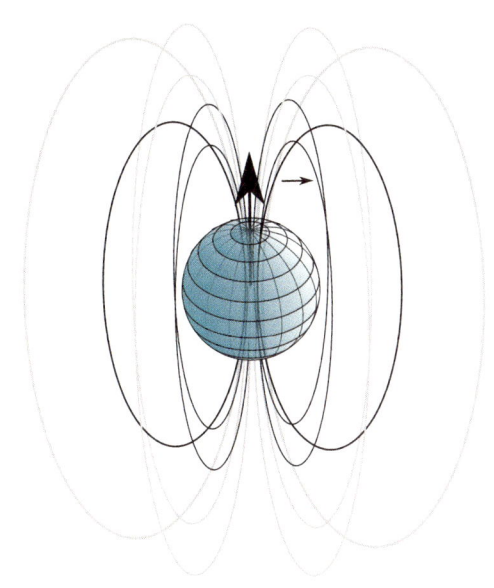

· 电磁场

麦克斯韦发现并完整地建立了一套电磁理论，预言了电磁波的存在。电磁波是电和磁的现象，也就是说，电荷通过运动辐射出电磁波。电磁波包括可见光、红外线、微波、无线电波、紫外线、X射线和伽马射线，这些也都是我们日常生活里不可或缺的东西。

麦克斯韦最重要的著作是1873年出版的《论电和磁》，这本书被誉为继《自然哲学的数学原理》之后的第二部伟大的经典物理学著作。

如果说，没有牛顿的经典力学，就没有第一次工业革命，因为第一次工业革命中的蒸汽机、纺织机器之类的发明，都与能量和力学息息相关。那么按照这种逻辑还可以说，没有麦克斯韦的电和磁，就没有第二次和第三次工业革命，因为发电机、电脑、人工智能这些发明创造，全都和电、磁息息相关。

接下来就来详细谈一谈麦克斯韦的电磁学。首先，我们不得不提到几位伟大的物理学家。第一位是丹麦的物理学家奥斯特，他在 1820 年的时候观察到电流与磁体之间有相互作用。

他认为，电流和磁体之间有两个基本点不同于已知现象。第一，这个相互作用是由运动的电显示出来的，也就是说电流会产生磁场；第二，磁铁不会被引向带电流的金属线，也不会被它推开，而是横向地定位。后来，法国物理学家安培用数学的方法总结了奥斯特的发现，创立了电磁力学。

英国物理学家迈克尔·法拉第是继奥斯特、安培之后，对电和磁的现象贡献最大的一名化学家和物理学家，电磁感应现象的发现者就是法拉第。在发现电磁感应现象的基础上，法拉第发明了第一台电动机。

法拉第还有一个重要的发现，就是"场"的概念。"场"这个概念可以直观地展示出来。在一张纸上撒一层铁屑，然后在纸下方移动磁铁，会看到铁屑随着磁铁移动，且排成一个整齐的图案，这个图案就代表了磁场。

这个实验现在已经家喻户晓，但在当时，很多人不接受法拉第的观点，认为他的理论不够严谨。法拉第是一位实验大师，他有物理的直观能力，而数学功力则没有那么好。

除此以外，还有个理由也导致了许多人不赞同法拉第。当时牛顿理论的影响太大，特别是他的万有引力理论。在牛顿看来，万有引力是一个超距作用，它不需要时间间隔，能够瞬时地作用在物体上，比如说太阳的引力场能够瞬时地作用在地球上。

这种看法在今天已经被证明是错误的，因为爱因斯坦的广义相对

· 牛顿认为，太阳的引力可以瞬时作用在地球上

论取代了牛顿的万有引力理论，指出万有引力本身也并非超距，它需要时间传播，其速度就是光速。而当时的物理学家们还是信奉牛顿，他们认为法拉第所说的"场"的建立需要时间，这与牛顿的超距作用矛盾，因此很多人不接受这个理论。但是麦克斯韦却接受了法拉第的观点。

麦克斯韦的电磁学始于1854年。那个时候他才23岁，刚刚从剑桥毕业。他读到了法拉第的电学实验研究，从而在法拉第的启发下建立了电场和磁场的理论，写出了完整的电磁学方程。

此前法拉第的电磁学研究还并不完整。法拉第电磁感应现象指，当磁场变化的时候，会诱导电场产生变化。而麦克斯韦发现，当电场产生变化的时候，也会作用到磁场。麦克斯韦电磁学的方程比原先的理论多出来一项，使之变得完整了。

麦克斯韦的电磁场方程还预言了电磁波的存在，而且他通过测量方程里的一些常数，发现电磁波的传播速度等于光速，同时还预言了光也是一种电磁波。

1888 年，赫兹经过两年的努力，终于通过实验生成了电磁波，验证了麦克斯韦理论。赫兹还测量了电磁波的速度，他所用的公式是，电磁波的波长和振动频率的乘积等于电磁波的速度。他发现，电磁波的速度恰好等于光速，这完全验证了麦克斯韦的理论。

接下来就回到开篇所提到的麦克斯韦妖。这涉及统计物理，而麦克斯韦正是统计物理的奠基人。

统计物理是什么呢？宏观的物体都是由分子、原子所构成，当一个系统含有大量粒子的时候，我们就没有办法精确地测量每个粒子，但我们可以用统计学的方式研究它。

比如，热力学第二定律就是通过统计物理学推导而出。热力学第二定律说的是，熵（体系混乱程度）的微增量总是大于零，也就是说熵不断增大。而熵增大以后，整个宇宙会趋向热寂；熵趋向于极大的话，整个宇宙的温度会变得很平均。

麦克斯韦想要反对这一结论，他发明了麦克斯韦妖。他说，先假设有一个小人，可以把整个世界上的气体分子一个一个关起来，形成一箱子气体。热力学第二定律告诉我们，熵趋于极大则温度趋于平均，因为温度会由高向低变化，到最后会造成箱子内气体的温度平均、密度均匀。

麦克斯韦设定气体箱子中间有一个"壁"，将箱子内部分为两个互相隔绝的空间，然后在"壁"上开一扇小窗户，小人位于壁的其中一边。如果小人看到一个速度快的分子走过来，就把窗户打开，等快

· 麦克斯韦妖

分子过来之后再把窗户关起来。如果看到一个速度慢的分子过来，就不打开窗户。

这样的话，到最后快分子和慢分子就会身处两个空间，快分子待着的地方更热，箱子中的温度会变得不均匀，这就违反了热力学第二定律。麦克斯韦妖的构想无法实现，也就是说热力学第二定律永远成立。

麦克斯韦妖和永动机之间有一些微妙的联系。人类设想中的永动机有两类。第一类永动机假定能量可以无中生有，那么只要刚开始给它第一次推动，这台机器就会永远动下去。后来能量守恒定律的发现打破了这种猜想。

第二类永动机和热力学第二定律有关。与麦克斯韦同时代的物理学家，通过热力学第二定律的发现，认为不可能把一个热源里面的热量完完全全地提取出来为我们所用。麦克斯韦设计麦克斯韦妖的假想反对热力学第二定律失败以后，证明了利用能量之间无损耗的转化进行工作的永动机也并不存在。

虽然麦克斯韦妖的假想不成立，但麦克斯韦对统计物理的贡献依旧很大。有一个著名的麦克斯韦分布，讲的是在一定温度之下，分子原子是如何按照速度来分布。

麦克斯韦分布是一个高斯定律，这是统计物理领域的第一个重要公式，由麦克斯韦首先计算出来。同时他还设计了一套实验，来证明麦克斯韦分布的正确性。

可见，麦克斯韦是物理学科上的全才，他不仅研究理论，建立了电磁理论和统计物理理论；同时还会做实验，去验证自己的理论。

三、芝诺:
永远追不上的乌龟

　　物理学"四大神兽"的另外两只,就是芝诺的乌龟以及薛定谔的猫。

　　芝诺生于约公元前490年的古希腊,相当于孔子的时代,只比孔子略微晚一点,并在意大利半岛南部的埃利亚一直活到了约公元前425年。享年65岁,也算是那个年代的高寿了。

　　他是哲学家,也是数学家。芝诺的老师叫巴门尼德,是苏格拉底、柏拉图和亚里士多德之前最著名的哲学家之一。尽管年代久远,芝诺关于运动的不可分性的一系列哲学悖论,到今天还是有着相当大的影响。

　　现代人有点低估了芝诺悖论对哲学和数学的贡献。英国数学家、哲学家罗素就曾说过:"在这个变化无常的世界上,没有什么比死后的声誉更变化无常了!死后得不到应有的评价,最典型的例子莫过于埃利亚的芝诺了。"

然后重点评价了芝诺："他虽然发明了四个无限微妙、无限深邃的悖论，后世的大批哲学家们却宣称，他只不过是个聪明的骗子！而它的悖论只不过是一些诡辩！遭到 2000 多年连续的反驳之后，这些'诡辩'才得以证明。"罗素有一本著名的著作，叫作《西方哲学史》，这部著作对芝诺悖论有详细的解说，也介绍了芝诺的老师巴门尼德。

芝诺悖论在古希腊的时候有相当大的影响。在芝诺活着的时候，他一共提出了四十个各不相同的悖论，到今天只留下来四个，这四个被亚里士多德记录在了他的名著《物理学》中。其实这四个悖论的基本原理类似，只不过是四种不同的表达。

下面讲讲芝诺悖论的其中两种。首先一种是两分法悖论，假设一个人从 A 点到 B 点，这一段是一个有限的距离，再假设其为 1 千米。

如果他走了一半的路程，也就是走了 1/2 千米的时候，剩下的路就还有 1/2 千米；然后他又继续走了剩下路程的一半，还剩一半，也就是共走了 3/4 并剩下 1/4；再走一半再剩下一半……依此类推，总有走不完的一半，因此这个人永远都走不到终点。

我们现在知道如何运用数学解决这个问题。数学的解决很简单，我走 1 千米的一半，比如需要 20 分钟；那么我走 1 千米一半的一半，我只需要 10 分钟；再走下面一半则只需要 5 分钟，这样无穷下去，你会发现总共的时间加起来是有限的。也就是说，我们在有限的时间内，可以把整个路程走完。

还有一个就是大名鼎鼎的乌龟悖论，即阿喀琉斯追乌龟。阿喀琉斯是古希腊善跑的大英雄，现在让他和乌龟赛跑。我们假定阿喀琉斯的速度是乌龟的 100 倍，乌龟在他前面 100 米处向前爬行，他在后面

· 芝诺的乌龟悖论

追，但他永远追不上乌龟。

因为，当他追到 100 米处乌龟的原点，乌龟已经向前爬行了。不管它爬行了多少，可能仅仅是 1 米。当阿喀琉斯再追到 101 米的时候，乌龟又向前爬行了一段距离，哪怕是 1 厘米。这样的话，我们总可以把这个过程重复下去，那么阿喀琉斯永远也追不上乌龟。

这个与前面的悖论相似，用现代分析学的方法就可以解决这个悖论。即，尽管阿喀琉斯每次走到乌龟的起点是无穷的过程，但是他每次追上乌龟的过程越来越短，因此他会在有限的时间内追上乌龟。

后来由于量子力学的发现，我们知道了运动不可以无限切割，芝诺悖论就得到了更加完善的解决。

四、薛定谔：
可生可死的猫

接下来则是最后一只神兽—薛定谔的猫。

薛定谔是量子力学现代版本的奠基人。量子力学现代版本一般有两种，第一种是海森堡的矩阵力学，第二种就是薛定谔的波动力学。

薛定谔的波动力学虽然仅仅比矩阵力学的发表晚了几个月，但是他们分享了创立量子力学的荣耀。而且现在波动力学的应用更加普遍，因为矩阵力学相对来说比较抽象，而波动力学，特别是薛定谔的波动方程，则比较直观。

薛定谔的波动方程虽然是一个著名的数学物理方程，但它并不十分复杂，通常任何学过数学物理课程的人士都可以拿来解答问题。薛定谔的方程自从 1926 年被建立以来，一直到今天，还没有人能修改它的一笔一画，可见它完全正确。

薛定谔于 1887 年出生在奥地利，小时候就受到哲学的影响。一个非常奇怪的现象是，历史上的大物理学家，包括薛定谔、玻尔、海森堡、爱因斯坦在内，似乎都深受哲学家的影响。薛定谔深受叔本华的影响，阅读了很多叔本华的作品，特别是关于色彩理论、哲学、东方宗教的作品。

薛定谔在 1898 年，也就是说仅仅 11 岁那年，就进入了文理高中。从 1906 年到 1910 年，他在维也纳大学学习数学与物理。

20 世纪下半叶，薛定谔第一个指出，微观的东西（特别是分子和原子）未来会对生命科学的研究产生很大的影响。据说，好几位获得诺贝尔生理医学奖的科学家，都读过薛定谔的名著《生命是什么》。

薛定谔实际上是在德布罗意的影响之下才发现波动力学。有一则关于他的轶闻，在 1925 年的年末，他去跟情人幽会。在情人的陪伴和激励之下，他连续写了六篇关于量子力学（也就是波动力学）的论文，从薛定谔的方程开始，一直到解出氢原子的量子态。这六篇可以说是 20 世纪最经典的物理学论文。

量子力学有一个最重要的原理叫作线性叠加原理，也就是说，如果一个客体处在一个量子态 A，同时它还有可能处在量子态 B，那么它就可能处在既是 A 又是 B 的不确定状态中，也就是线性叠加中。这个观点引起了薛定谔极大的反感，于是他就设计了"薛定谔的猫"这个假说来反驳。

薛定谔的猫是什么？就是把一只猫装进盒子里，但是盒子里有一个特别的装置，里面有一个可能衰变的原子和一只毒气瓶。如果这个可能衰变的原子衰变了，它就会引发盖革计数器，从而触动毒气瓶把毒气放出来，这个时候猫就会死亡。

当然，原子也可能不衰变，这个时候，毒气就不会被放出来，薛定谔的猫也就不会死。换句话说，一个原子可以处于衰变和不衰变的这个量子叠加态，这就导致了猫处于生和死的叠加态里。这就引发了

· 薛定谔的猫

一个著名的悖论，我们从来没见过一只猫是处于生和死的叠加态之中，人也从来没有经历过这种状态。

我们今天知道如何来解决薛定谔的猫了，因为这不是一个悖论。一只猫不管生或死，只要与空气接触，就只能处于一个状态：要么生要么死，不可能处于既是生又是死的状态。

淼叔说科学家：他们影响了人类文明

第 6 章

从现在到未来

6

伴随以往科学家们的不断努力，人类步入了新的历史时期。当代物理学的代表人物，正是霍金和彭罗斯。他们如何改变了我们对宇宙的认知？物理学的未来又会有怎样的发展？

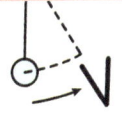

一、霍金：
科学界的大众偶像

说起当代物理学，霍金可以称得上其中的绝对代表人物。

1942 年，斯蒂芬·威廉·霍金出生在英国牛津。1942 年是个重要的年份，诞生了很多对世界产生重大影响的物理学家，霍金就是其中之一。霍金毕业于牛津大学、剑桥大学，并取得剑桥大学博士学位，他是当代最伟大的物理学家之一，也是 20 世纪享有国际盛誉的伟人之一。

霍金还可以称得上是科学界的大众偶像，他的著作《时间简史》影响了整个国际社会。2017 年，腾讯公司还曾经邀请他通过远程音频和视频来参加 WE 大会（Way to Evolve，腾讯一年一度的全球科学大会）。

霍金的成名主要是因为发现了黑洞蒸发的现象。1973 年，他研究了黑洞附近的量子效应，发现黑洞会像天体一样发生辐射，但是这个辐射非常微弱。霍金发现，黑洞越大，它的辐射越微弱，辐射的温度与黑洞的质量成反比。因此，如果黑洞的质量相当于太阳这么大，那么它发出的辐射几乎无法被探测到。只有当微型黑洞发出辐射的时候，才有可能被察觉。

可惜今天物理学界并没有证据证明这一点，这也是霍金一生没有获得诺贝尔物理学奖的原因。获得诺贝尔物理学奖的一个重要标准，是你的理论或者你的发现必须被实验所证实。

霍金的黑洞蒸发理论，实际上是把爱因斯坦的万有引力理论和当今的量子力学、热力学放在一起来讨论。在量子论下，黑洞使得时空中的量子涨落变成一个现实。霍金发现在真空里面，通常不断地有一些基本粒子的粒子对产生和消失。这是因为能量守恒。

我们可以将一对虚粒子看成一对孪生兄弟。当它们还没有互相湮灭消失的时候，一个负能量的虚粒子掉到黑洞里，会使得黑洞的能量减少。另外一个粒子不会跟它的孪生兄弟一起湮灭，就跑出黑洞。

那么，黑洞就变成一个在不断辐射粒子的物体。由于所有的粒子都会受万有引力的作用，因此所有的基本粒子都会被黑洞辐射出来。光子、正负电子、中子、质子……黑洞将一视同仁地辐射所有基本粒子。

但是，由于基本粒子（特别是光子）被辐射出来的时候，温度非常之低。因此，通常情况下，对于一般的黑洞，我们很难探测到它的辐射。

只有当黑洞辐射到最后，变成一个质量非常小、接近 1 克甚至比 1 克还小的物体时，原则上它才可以被探测到，因为此时它辐射的基本粒子能量比较高，产生的辐射就与爆炸时产生的能量差不多。但是，理论是一回事，现实又是另一回事。我们前面说过，物理学家们

· 黑洞蒸发理论：基本粒子的粒子对的产生和消失

至今没有任何证据表明霍金辐射被探测到。

霍金经常跟别人打赌，比如说他就曾和一个叫希格斯的英国物理学家打赌：上帝粒子是不会被发现的，所以希格斯也不会被授予诺贝尔物理学奖。但是他的预言落空了，希格斯成功地论证了他的上帝粒子，并且于 2013 年获得了诺贝尔物理学奖。

霍金另外一个重大的贡献，是关于宇宙诞生的理论。大爆炸宇宙论已被科学家普遍接受，但是大爆炸之前的宇宙如何形成，我们都不知道。不同的物理学家有不同的答案。

霍金也提供了他的答案，他认为宇宙是从什么都没有的量子涨落中诞生出来。既然真空中可以产生粒子，那么从"无"里也可能产生空间和时间，这就是霍金的理论。这个理论影响很大，但是比霍金蒸发更加难以用实验来验证。

接下来，介绍一下令霍金在早期成名的工作，也就是他在研究生阶段做的一个研究—奇点理论。在霍金之前，他的好朋友彭罗斯已经发现了一些关于奇点的定理。后来霍金跟彭罗斯一起合作，共同证明了宇宙大爆炸之前一定会存在一个奇点。

在奇点中时空弯曲的程度无限大。现在人类研究出的物理学定律，严格说来在奇点中都会失效，因为那里的空间距离无限大，物质密度也是无限大。这是霍金在发现黑洞蒸发之前，对物理学的一大贡献。

霍金后来也参与了其他理论的研究，包括弦论，但是在弦论领域，他的贡献可以说是微乎其微。

提到霍金不得不提一部科普著作，也就是《时间简史》。这本书的发行是在 1988 年，内容主要从黑洞出发，探讨了宇宙的起源和归宿。这本书被译成 40 多种文字，印刷超过 1000 万册。

不过它虽然被称为一本科普读物，但对于没有一定物理学知识以及数学知识的读者来说，它的内容并不好懂。从通俗角度讲，它其实不是一本成功的科普著作。所以在西方它被戏称为"读不懂的畅销书"，或者是"没有被读的畅销书"。

但是，这依旧阻止不了大家将它买回去放在书架上的热情。我的一个朋友万维钢，曾经在《南方周末》上面发表过一篇文章来分析这个现象，他认为这是一个刻奇现象：一些人为了显示自己爱读书或者有学问，而专门买一部《时间简史》放在书架上；他们可能翻过，但因为看不懂就没有读下去，让它一直待在书架上充当装饰品。

刻奇现象是《时间简史》畅销的一个因素，另外还有两个重

· 霍金

淼叔说科学家：他们影响了人类文明

要因素。第一，霍金身残志坚，给人们一种科学英雄的形象。第二，这本书的营销做得非常好，特别是书名起得很好。"简史"现在在中文里特别流行，比如《宇宙简史》《人类简史》《未来简史》……"简史"已经成了一个流行的术语。

霍金后来又写了其他的科普著作，比如《果壳中的宇宙》，其销量就远远不及《时间简史》了，毕竟他的书阅读起来还是有一定门槛。

关于霍金，我们最后以他的婚姻生活来结束他的故事。霍金的第一任妻子简·怀尔德其实有 1/4 的华人血统，他们在霍金患上渐冻症之前相识。简是毕业于剑桥的人文学者，在一次宴会上，他们一见钟情。

霍金患上渐冻症之后，简没有听从霍金和霍金父亲的劝说，毅然决然地嫁给了霍金，并共同诞育了三个孩子。在霍金还未成名的日子里，简一直在他身旁精心照料、陪伴他，对他不离不弃。霍金提到简的时候说过："我在确诊的时候认识了她，才让我有了活下去的勇气。"

但对于有的夫妻来说，共患难或许容易，同享福却很难。霍金因为《时间简史》的畅销变得越来越有名后，简和他却相行渐远了。按简的说法，是因为霍金变得有名了，就不太好相处。而另外一种说法是，当时在霍金身边还有一个护士在照顾他，两个人互生情愫，然后就在一起了。

后来，简嫁给了音乐家乔纳森。而霍金跟他的第二任妻子离婚后，在最后的晚年，仍然和简以及他们的三个孩子保持着和谐的关系。

二、彭罗斯：
时间的终结

最后，我们来介绍霍金的好朋友彭罗斯。

彭罗斯的传奇色彩没有霍金这么浓厚。他比霍金大 11 岁，出生在 1931 年，也是英国人。他的父亲是一位很有名的人类遗传学家，而他的哥哥是一个国际象棋大师。

实际上，彭罗斯在霍金之前，就开始研究奇点定理，他证明了在大质量天体塌缩成黑洞的过程中，必然存在一个点。所有塌缩的物质在这个点之后，就不再有路径继续塌缩下去了。这个奇点的性质一定程度上与大爆炸相似，只不过大爆炸是一个时间的起始，而黑洞塌缩的奇点是时间的终结。

彭罗斯另一项闻名于世的成就和数学有关。我们知道，瓷砖都是长方形或正方形，因为我们可以用这些砖将整个地面铺满而不留空隙。按照这个标准，可以用于贴砖的还有正三角和正六边形。

这些贴砖贴出的图案有一个共同的特点，它们不仅呈现一定的对

　　　　　　　　　　淼叔说科学家：他们影响了人类文明

· 彭罗斯三角

称性，还呈现出周期性，我们把这个叫作周期性的贴砖。那么有没有非周期性的贴砖呢？彭罗斯发现，确实是有的。后来这个贴砖就叫作彭罗斯贴砖。

彭罗斯还有一个神奇的设想，叫作彭罗斯阶梯，但彭罗斯阶梯在三维空间里不可能实现。他的设想是，当你一级一级向上爬的时候，爬到一定程度你会回到原点，有点像莫比乌斯环。这个在电影里面也有呈现。

还有一个跟彭罗斯阶梯相通的，叫彭罗斯三角形，是比较反直觉的东西，在现实生活里面也实现不了。

彭罗斯在 2020 年获得了诺贝尔物理学奖。